CHINESE

刘德联 张园 编著

新概念汉语

初级本 I

北京大学出版社
北京

图书在版编目（CIP）数据

新概念汉语（初级本Ⅰ）/刘德联、张园编著.
—北京：北京大学出版社，2003.10
ISBN 7-301-06449-7

Ⅰ.新… Ⅱ.①刘…②张… Ⅲ.汉语－对外汉语
教学－教材 Ⅳ.HI95.4

中国版本图书馆 CIP 数据核字(2003)第 065613 号

书　　　名：	新概念汉语(初级本Ⅰ)
著作责任者：	刘德联　张园　编著
正文插图：	郎丽
责任编辑：	郭力
标准书号：	ISBN 7-301－06449-7/H·0873
出 版 者：	北京大学出版社
地　　　址：	北京市海淀区中关村北京大学校内　100871
网　　　址：	http://cbs.pku.edu.cn
电　　　话：	邮购部 62752015　发行部 62750672　编辑部 62752028
电子信箱：	zpup@pup.pku.edu.cn
版式设计：	黄金支点
印 刷 者：	北京大学印刷厂
发 行 者：	北京大学出版社
经 销 者：	新华书店
	787 毫米×1092 毫米　16 开本　12.75 印张　202 千字
	2003 年 10 月第 1 版　2004 年 5 月第 2 次印刷
定　　　价：	37.00 元

目 录
Contents

前言 ·· 1
Preface ·· 3

第一课　我的中国名字叫罗乔丹
Lesson One　My Chinese name is Luo Qiaodan. ······························· 1

第二课　他是半个美国人
Lesson Two　He's half American. ·· 6

第三课　我的雨伞哪儿去了？
Lesson Three　Where did my umbrella go? ···································· 12

第四课　你们喜欢吃冰激凌吗？
Lesson Four　Do you like to eat ice cream? ···································· 18

第五课　应该当你的姐姐
Lesson Five　I should be your elder sister. ···································· 23

第六课　那你怎么教？
Lesson Six　How can you teach? ·· 28

第七课　这儿是日本餐馆
Lesson Seven　This is Japanese restaurant. ···································· 34

第八课　啊？在我家？
Lesson Eight　Huh? At my house? ·· 39

第九课　我也想知道
Lesson Nine　I would also like to know. ……………………………………… 44

第十课　乔丹的朋友就是我的朋友
Lesson Ten　Qiaodan's friends are my friends. ……………………………… 49

第十一课　这么贵？
Lesson Eleven　So expensive? ……………………………………………… 54

第十二课　你真可怜
Lesson Twelve　You are so pathetic! ………………………………………… 60

第十三课　真拿你没办法
Lesson Thirteen　What are we going to do with you? ……………………… 65

第十四课　再要半条鱼吧
Lesson Fourteen　I also want half a fish. …………………………………… 70

第十五课　她说我太胖了
Lesson Fifteen　She said that I'm too fat. ………………………………… 75

第十六课　这是最肥的
Lesson Sixteen　This is the largest one. …………………………………… 81

第十七课　祝你生日快乐
Lesson Seventeen　Happy birthday to you! ………………………………… 87

第十八课　你们不想来尝尝吗？
Lesson Eighteen　Don't you want to come and try? ……………………… 93

第十九课　我最讨厌考试
Lesson Nineteen　I hate exams most. ……………………………………… 98

第二十课　这还近哪？
Lesson Twenty　That's close?......103

第二十一课　还是骑车去好
Lesson Twenty-one　It's better to go by bicycle.......108

第二十二课　不好吃也得吃啊
Lesson Twenty-two　Even if it's bad, you still have to eat.......114

第二十三课　不能吃臭豆腐的，不算是北京人
Lesson Twenty-three　Whoever can not eat stinking bean curd is not a Beijinger.......119

第二十四课　别太玩儿命
Lesson Twenty-four　Don't be so hard on yourself.......125

第二十五课　我的运气怎么那么不好？
Lesson Twenty-five　I always have bad luck?......131

第二十六课　今天晚上盖什么？
Lesson Twenty-six　What am I going to use (for cover) tonight?......136

第二十七课　你饶了我吧
Lesson Twenty-seven　Give me a break!......141

第二十八课　现在转学来得及吗？
Lesson Twenty-eight　Is it too late to transfer to another school?......147

第二十九课　我到现在还没有女朋友
Lesson Twenty-nine　I still haven't got a girlfriend yet.......153

第三十课　又是去吃麦当劳？
Lesson Thirty　McDonald's again?......158

"听录音,写句子"文本
Dictation Texts ·· 163

"翻译练习"参考答案
Answers to Translation Exercises ·· 171

生词总表
Vocabulary ·· 177

前 言

要学好汉语，选择一部好教材是至关重要的。

什么是好教材？内容要生动有趣，语法要深入浅出，语句要简洁实用，这些无疑都是学习者的愿望，也是对教材编写者的要求。我们在编写这部教材的时候，充分考虑到以上几点。

我们本着创新、实用、通俗、风趣的原则，编写了这部《新概念汉语》初级本，该教材具有以下鲜明的特色：

其一，以图助读。在文字产生之前，人们是通过图画进行交流的。图画可以说是一种世界性的语言。本教材考虑到初次接触汉字的学习者的识字困难，在课文和练习中配有大量的图画。当初学者被密密麻麻、形态各异的方块字搞得有些望而生畏的时候，适当的图解既可以帮助学习者了解所学词语的意义，也会增加他们学习的兴趣。

其二，寓功能、结构于情景之中。语言学习的初级阶段，是积攒语料、为今后系统学习语言知识打下良好基础的阶段。抽象的语言知识的学习，会使学习者感到索然无味。初学者在学习一种新语言的时候，往往有学以致用的愿望。他们学一句，就希望在生活中用上，从而得到某种成功的快乐享受。本教材选用贴近学习者生活的自然语言，以学习者可能接触的生活情景和交际话题来编写课文，让学习者所学语句，像他们随身携带的钥匙，在需要使用的情景下，随时可以拿出来使用。

其三，语法点的自然融入。在汉语学习的初级阶段，从理论上系统学习汉语语法知识显然是不现实的。本教材包含国家对外汉语教学领导小组办公室汉语水平考试部编写的《语法等级大纲》中的一百二十九项甲级语法点，并全部以句子的形式出现在课文中，但是并不从语法概念上进行讲解，只是辅之以相关练习，让学习者每学习一句，就了解一种语法现象，为学习者今后的语法学习打一个基础。

其四，注重语言的趣味性。以往，人们将语言学习看做是枯燥的事情，"非下苦功不可"。其实不尽然。我们的生活中充满快乐，人们在生活中的交际语言也充满风趣、幽默。为什么我们不把这样活生生的语言吸收到我们的课文中来呢？过去教材的编写者多感觉初级教材的语言难以编"活"。本教材在这方面进行了有益的尝试。相信本教材的选用者会在学习中愉悦心情，排除枯燥的烦恼，在会心的微笑中轻轻松松地学会一门语言。

其五，使用的广泛性。本教材融听说读写于一体，采取循序渐进的原则，既有语法点的系统分布，又有生动活泼的日常会话，可以用于综合性的汉语课，也可以单独用做口语课教材。同时，本教材极适合用做短期汉语教材、海外汉语学习教材以及自学教材。

《新概念汉语》初级本分Ⅰ、Ⅱ两册，共五十五课。课文全部有英文翻译。生词翻译只选择课文语境中出现的词义，避免混淆。每课课文后面，选取生活中常用的或有显著语法特征的句型做专门练习。课后通过各种听说读写练习及语言游戏巩固所学语句及知识。

本教材没有专门的语音知识讲座，但是系统的语音知识的练习贯穿教材的始终。学习者通过语音练习，会逐步掌握汉语语音的要点。

本教材在编写过程中，得到北京大学出版社的郭力老师、沈浦娜老师的热情指导，美国朋友 Nava Geula 审校了本书的英文翻译，在此一并表示感谢。

编者

2002年6月于北京大学

Preface

If you want to study Chinese well, choosing a good textbook is very important.

What is a good textbook? Interesting content, clear grammar and useful sentences are not only the students' wish, but also the writers' goal. This is what we have considered when writing this textbook.

The principles for New Concept Chinese (elementary) are: creative, practical, popular and interesting. This book has the following evident characteristics:

First, there are many pictures in this book to facilitate understanding. Before the use of characters, people communicated using pictures. Pictures are a worldwide language. Considering the difficulties of learning Chinese characters, we have included many pictures to supplement texts and exercises. When beginners are overwhelmed by the close and numerous different "squares", pictures can help them understand the words' meaning and increase their learning interest.

Second, grammar and usage are presented in a situational context. The first stage of language study is to accumulate a basic language foundation. Abstract knowledge might reduce the students' interest because they want to use what they learn. They will be more satisfied by using a word or phrase as soon as they learn it. In this book we have tried to choose natural, commonly used language, real life situations and useful communication topics that are relevant to the student's life. What they learn from this book will be useful to them in everyday activities.

Third, grammar points are naturally incorporated into the text. In this book there are 129 grammar points under level A in Outline of Grammar Levels, written by the HSK Department of the State Office Leading Group for Teaching Chinese as a Foreign Language. The grammar points are introduced as natural sentences in the texts, rather than as grammatical formulae, and thus are not explained as grammatical formula to be memorized but as sentence models to be exercised and simulated. From every sentence students will learn new grammar, but through building language intuition rather than through memorizing formulaic rules. This builds a solid foundation for future language study by more closely simulating the intuitive manner in which one relates to one's own mother tongue.

    Fourth, we have tried to make the language of the textbook interesting. Language study is often viewed as a boring and painful process, but in reality it could be much different. Our lives are full of interesting situations; we communicate using lively, interesting, and humorous language. Why can't we use such vivid languages in the texts? Many text writers think it is difficult to make primary level language study lively and interesting, but we believe we have a good take on this. We hope that students who choose this book can learn Chinese in a good mood and learn the language enjoyably.

    Fifth, this book can be used as any kind of studying material. Because it merges speaking and listening into one organic whole, this book can be used to learn both oral and written Chinese. It has both systematic grammar points and lively and daily used conversations, presented step by step and gradually increasing in difficulty, making it a good textbook for short-term study, study abroad and self-study.

    New Concept Chinese (elementary) has two volumes, with a total of 55 lessons. All texts are presented with an English translation. We carefully considered the vocabulary definitions and choose to introduce only the contextually appropriate meanings in order to avoid confusion. After every text, there are pattern drills for important or commonly used grammar. Exercises include listening, speaking, reading, writing and games to help students USE what they learned from the text.

    There is no special pronunciation section in this book, but all pronunciation points are incorporated systematically into the exercises. Students will master these important pronunciation points by doing the exercises. New Concept Chinese (elementary) is a result of many people's cooperation. We wish to thank Mrs. Guo Li and Mrs. Shen Puna from Peking University Press for their warm support and instruction. We also wish to thank American friend Nava Geula who proofread the translated version.

The Authors
June, 2002
Peking University

Dì-yī kè　Wǒ de Zhōngguó míngzi jiào Luó Qiáodān
第一课　我的中国名字叫罗乔丹

课文 Text

Lǎoshī:	Nǐ jiào shénme míngzi?	
老师：	你叫什么名字？	
Xuésheng yī :	Wǒ jiào Tiánzhōng Shùnzǐ.	
学生一：	我叫田中顺子。	
Lǎoshī:	Duì xuésheng èr　nǐ ne?	
老师：	（对学生二）你呢？	
Xuésheng èr :	Wǒ de Zhōngguó míngzi jiào	
学生二：	我的中国名字叫	
	Luó Qiáodān. Lǎoshī, nín guì xìng?	
	罗乔丹。老师，您贵姓？	
Lǎoshī:	Wǒ xìng Jīn.	
老师：	我姓金。	
Xuésheng sān:	Lǎoshī, wǒ yě xìng Jīn.	
学生三：	老师，我也姓金。	
Lǎoshī:	Nà wǒmen wǔbǎi nián qián shì yì jiā.	
老师：	那我们五百年前是一家。	

Lesson One　My Chinese name is Luo Qiaodan.

Teacher:　What's your name?
Student 1:　My name is Tanaka Junko.
Teacher:　(to student 2) And you?
Student 2:　My Chinese name is Luo Qiaodan. What's your last name, teacher?
Teacher:　My last name is Jin.
Student 3:　Teacher, my last name is also Jin.
Teacher:　So we were in one family 500 years ago.

生词 New Words

1.	我	wǒ	代	(pron.)	I, me
2.	的	de	助		particle
3.	中国	Zhōngguó	名	(n.)	China
4.	名字	míngzi	名	(n.)	name
5.	叫	jiào	动	(v.)	to call
6.	老师	lǎoshī	名	(n.)	teacher
7.	什么	shénme	代	(pron.)	what
8.	学生	xuésheng	名	(n.)	student
9.	你	nǐ	代	(pron.)	you
10.	呢	ne	助		interrogative particle
11.	您	nín	代	(pron.)	you (polite form)
12.	姓	xìng	动	(v.)	to be surnamed
13.	也	yě	副	(adv.)	too; also
14.	我们	wǒmen	代	(pron.)	we; us
15.	是	shì	动	(v.)	to be

句型 Pattern Drills

1.1 我姓……。

Zhāng　　　Wáng　　　Bùshí　　　Luóxī
张　　　　王　　　　布什　　　罗西

   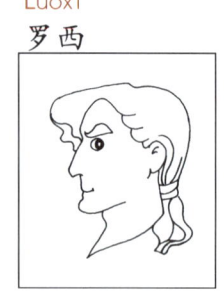

Lǐ　　Liú　　Zhào　　Sūn　　Mǎ　　Jiāng　　Chén　　Yáng
李 / 刘 / 赵 / 孙 / 马 / 江 / 陈 / 杨

Piáo　　Cuī　　Shānběn　　Língmù　　Fútè　　Ālǐ
朴 / 崔 / 山本 / 铃木 / 福特 / 阿里

1.2 我叫……。

Wáng Lán	Liú Lì	Zhāng Míng	Lǐ Xiǎolóng
王 兰	刘 丽	张 明	李 小 龙

Lín Yīláng	Cuī Chéngzhé	Mǎlì	Ānnà
林 一 郎	崔 成 哲	玛 丽	安 娜

1.3 我的中国名字叫……。

Mǎ Āndí	Fāng Mèngdān	Lù Dàwèi	Wǔ Sōng
马 安 迪	方 梦 丹	陆 大 卫	伍 松

练 习　Exercises

◇ 听读听写　Repetition and Dictation

◇ 1. 用慢速和中速跟读课文录音 (Follow the text tape and repeat at a slow and medium pace)。

◇ 2. 听录音，写句子 (Write down the sentences you hear)。

词汇语法 Vocabulary and Grammar

◇ 填空 (Fill in the blanks):

1. 我（　）田中顺子。
2. 我（　）金。
3. 您（　）姓？

活学活用 Learn and Use

◇ 回答问题 (Answer the questions):

1. 您贵姓？
2. 你叫什么名字？
3. 我的中国名字叫马安迪，你呢？
4. 你的老师姓什么？叫什么？

翻译练习 Translation

翻译下面的句子(Translate the following sentences into Chinese):

1. Teacher, what's your last name?
2. So we were in one family 500 years ago.

汉字书写 Write the Characters

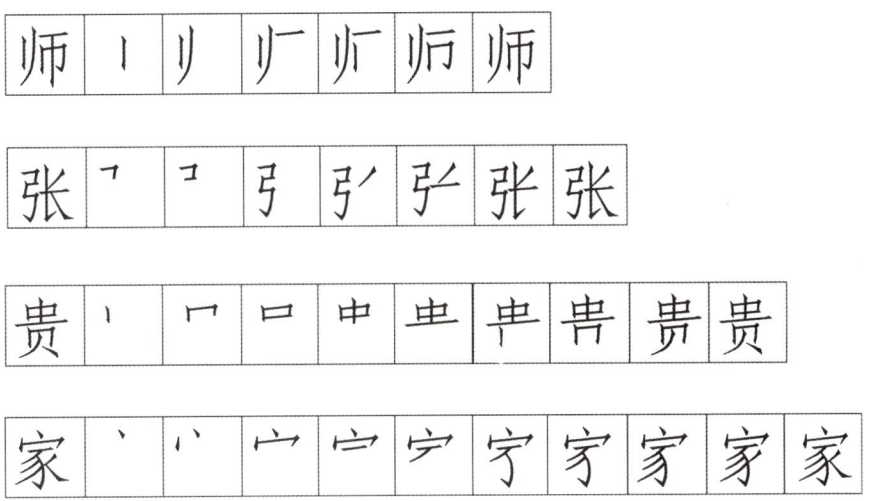

◇ **语音练习** *Pronunciaton*

◇ 读下面的句子，注意 b-p, d-t 的区别 (Read the following sentences and pay attention to the difference between b-p and d-t):

    Dùzi bǎo le.
1. 肚子 饱 了。 (Stomach is full.)

    Tùzi pǎo le.
2. 兔子 跑 了。 (The rabbit ran away.)

第二课　他是半个美国人
Dì-èr kè　Tā shì bàn ge Měiguórén

课文 Text

安娜 Ānnà: 你是哪国人？
Nǐ shì nǎ guó rén?

朴英玉 Piáo Yīngyù: 我是韩国人。
Wǒ shì Hánguórén.
我的同屋是法国人。
Wǒ de tóngwū shì Fǎguórén.

安娜 Ānnà: 我是英国人。这位是我的男朋友。
Wǒ shì Yīngguórén. Zhè wèi shì wǒ de nánpéngyou.

朴英玉 Piáo Yīngyù: 你也是英国人吗？
Nǐ yě shì Yīngguórén ma?

陆大卫 Lù Dàwèi: 我不是英国人，我是美国人。
Wǒ bú shì Yīngguórén, wǒ shì Měiguórén.

安娜 Ānnà: 他是半个美国人。
Tā shì bàn ge Měiguórén.

朴英玉 Piáo Yīngyù: 半个美国人？
Bàn ge Měiguórén?

安娜 Ānnà: 他爸爸是美国人，妈妈是日本人。
Tā bàba shì Měiguórén, māma shì Rìběnrén.

Lesson Two　He's half American.

Anna: Which country are you from?
Piao Yingyu: I'm Korean. My room-mate is French.
Anna: I'm English. This is my boyfriend.
Piao Yingyu: Are you also English?
Lu Dawei: I'm not English. I'm American.

Anna: He's half American.
Piao Yingyu: Half American?
Anna: His father is American, his mother is Japanese.

生词 New Words

1.	他	tā	代 (pron.)	he; him
2.	半	bàn	数 (num.)	half
3.	个	gè	量 (m.)	for people and objects
4.	美国人	Měiguórén		an American
5.	哪	nǎ	代 (pron.)	which
6.	韩国人	Hánguórén		a Korean
7.	同屋	tóngwū	名 (n.)	room-mate
8.	法国人	Fǎguórén		a Frenchman
9.	英国人	Yīngguórén		an Englishman
10.	这	zhè	代 (pron.)	this
11.	位	wèi	量 (m.)	for people (polite form)
12.	男	nán	形 (adj.)	man; male
13.	朋友	péngyou	名 (n.)	friend
14.	男朋友	nánpéngyou		boyfriend
15.	吗	ma	助	interrogative particle for yes or no questions
16.	不	bù	副 (adv.)	not
17.	爸爸	bàba	名 (n.)	father
18.	妈妈	māma	名 (n.)	mother
19.	日本人	Rìběnrén		a Japanese person

句型 Pattern Drills

2.1 我是……。

Xībānyárén
西班牙人
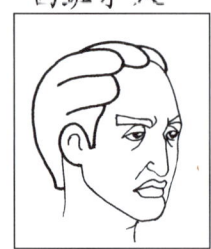

Àodàlìyàrén
澳大利亚人
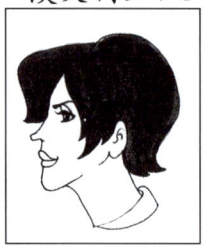

Tàiguórén
泰国人

Āijírén
埃及人

Jiānádàrén　　Xīnjiāpōrén　　Déguórén　　Xīnxīlánrén
加拿大人　／　新加坡人　／　德国人　／　新西兰人

2.2 这位是……。

Ālǐ de nǚpéngyou
阿里 的 女朋友

wǒmen de Hànyǔ lǎoshī
我们 的 汉语 老师

wǒ de Zhōngguó tóngxué
我 的 中国 同学

Liú Lì de yéye
刘丽 的 爷爷

wǒ māma
我 妈妈

 2.3 他也是……吗？

Yìdàlìrén	Yìndùrén	Bāxīrén	Éluósīrén
意大利人	印度人	巴西人	俄罗斯人

  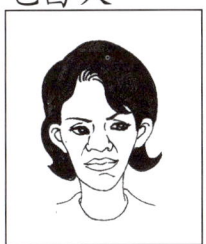 

Fēilǜbīnrén	Hélánrén	Āgēntíngrén	Yìndùníxīyàrén
菲律宾人 /	荷兰人 /	阿根廷人 /	印度尼西亚人

生词　New Words

1.	西班牙人	Xībānyárén		a Spaniard
2.	澳大利亚人	Àodàlìyàrén		an Australian
3.	泰国人	Tàiguórén		a person from Thailand
4.	埃及人	Āijírén		an Egyptian
5.	加拿大人	Jiānádàrén		a Canadian
6.	新加坡人	Xīnjiāpōrén		a Singaporean
7.	德国人	Déguórén		a German
8.	新西兰人	Xīnxīlánrén		a New Zealander
9.	女	nǚ	形 (adj.)	woman; female
10.	同学	tóngxué	名 (n.)	classmate
11.	爷爷	yéye	名 (n.)	grandfather
12.	意大利人	Yìdàlìrén		an Italian
13.	印度人	Yìndùrén		an East Indian
14.	巴西人	Bāxīrén		a Brazilian
15.	俄罗斯人	Éluósīrén		a Russian
16.	菲律宾人	Fēilǜbīnrén		a Filipino
17.	荷兰人	Hélánrén		a Dutchman
18.	阿根廷人	Āgēntíngrén		an Argentinian

19. 印度尼西亚人　　Yìndùníxīyàrén　　　　an Indonesian

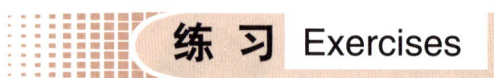
练 习 Exercises

◇ 听读听写　Repetition and Dictation

◇ 1. 用慢速和中速跟读课文录音 (Follow the text tape and repeat at a slow and medium pace)。

◇ 2. 听录音，写句子 (Write down the sentences you hear)。

◇ 词汇语法　Vocabulary and Grammar

◇ 用汉字写出下列国家的名字 (Write the names of the following countries in Chinese characters):

　　Hánguó （　　　　）　Fǎguó （　　　　）　Yīngguó （　　　　）
　　Yìdàlì （　　　　）　Rìběn （　　　　）　Yìndù （　　　　）

◇ 活学活用　Learn and Use

◇ 回答问题 (Answer the questions):
　　1. 你是哪国人？
　　2. 你的朋友是哪国人？
　　3. 什么是"半个美国人"？

翻　译　练　习　Translation

翻译下面的句子(Translate the following sentences into Chinese):
1. My room-mate is American.
2. This is not my boyfriend.

3. He's half-French.

◇ 汉字书写　*Write the characters*

男	丨	冂	曰	用	田	甼	男

哪	丨	口	口	叮	叩	吗	呗	哪	哪

是	丨	口	曰	日	旦	早	早	是	是

美	丶	丷	丷	兰	羊	羊	美	美

◇ 语音练习　*Pronunciation*

◇ 读下面的句子，注意b-p的区别 (Read the following sentences and pay attention to the difference between b-p):

Nǐ zhēn bàng!
1. 你 真 棒!　(You are really great!)

Nǐ zhēn pàng!
2. 你 真 胖!　(You are really fat!)

第三课　我的雨伞哪儿去了？
Dì-sān kè　Wǒ de yǔsǎn nǎr qù le?

课文 Text

服务员： 这是你的雨伞吗？
Fúwùyuán: Zhè shì nǐ de yǔsǎn ma?

方梦丹： 这不是我的雨伞。
Fāng Mèngdān: Zhè bú shì wǒ de yǔsǎn.
　　　　 我的雨伞是黑（色）的。
　　　　 Wǒ de yǔsǎn shì hēi (sè) de.

服务员： 那把黑色的是你的吗？
Fúwùyuán: Nà bǎ hēisè de shì nǐ de ma?

方梦丹： 也不是。
Fāng Mèngdān: Yě bú shì.

服务员： 对不起，这里只有一把
Fúwùyuán: Duìbuqǐ, zhèlǐ zhǐ yǒu yì bǎ
　　　　 黑色的雨伞。
　　　　 hēisè de yǔsǎn.

方梦丹： 奇怪，我的雨伞哪儿去了？
Fāng Mèngdān: Qíguài, wǒ de yǔsǎn nǎr qù le?

Lesson Three　Where did my umbrella go?

Attendant:　Is this your umbrella?
Fang Mengdan:　This is not my umbrella. My umbrella is black.
Attendant:　Is that black one yours?
Fang Mengdan:　(That) also isn't.
Attendant:　I'm sorry, there is only one black umbrella here.
Fang Mengdan:　(How) strange! Where did my umbrella go?

生词 New Words

1. 雨伞　　yǔsǎn　　名 (n.)　　umbrella
2. 哪儿　　nǎr　　　代 (pron.)　where
3. 服务员　fúwùyuán　名 (n.)　　service personnel

4.	黑	hēi	形（adj.）	black
5.	色	sè	名（n.）	color
6.	把	bǎ	量（m.）	for things with a handle
7.	对不起	Duìbuqǐ		sorry
8.	这里	zhèlǐ	代（pron.）	here
9.	只	zhǐ	副（adv.）	only, just
10.	有	yǒu	动（v.）	there is; there are, to have
11.	奇怪	qíguài	形（adj.）	strange

句型　Pattern Drills

3.1 这是你的……吗？

kèběn
课本

cídiǎn
词典

qiānbǐ
铅笔
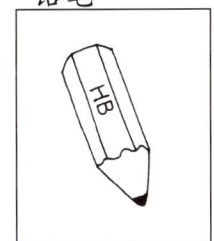

qiánbāo
钱包

yàoshi
钥匙
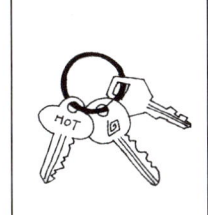

3.2 我的……是……（色）的。

Wǒ de yuánzhūbǐ shì hóng (sè) de.
我的圆珠笔是红（色）的。

Wǒ de qiúxié shì bái (sè) de.
我的球鞋是白（色）的。

Wǒ de shǒubiǎo shì lán (sè) de.
我的手表是蓝（色）的。

Wǒ de zìxíngchē shì lǜ (sè) de.
我的自行车是绿（色）的。

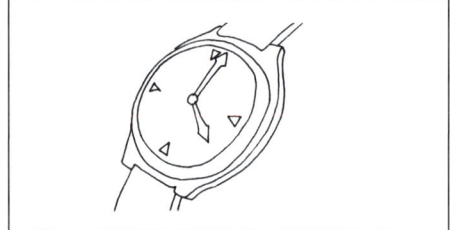

3.3 我的……哪儿去了？

shūbāo	màozi	xiàngpí	cídài
书包	帽子	橡皮	磁带

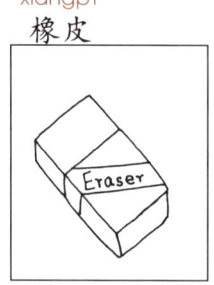
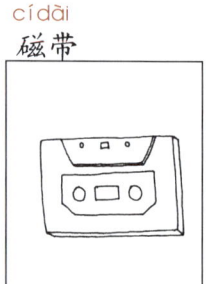

yàoshi / qiánbāo / zìxíngchē / shǒubiǎo
钥匙 / 钱包 / 自行车 / 手表

生词 New Words

1.	课本	kèběn	名 (n.)	text book
2.	词典	cídiǎn	名 (n.)	dictionary
3.	铅笔	qiānbǐ	名 (n.)	pencil
4.	钱包	qiánbāo	名 (n.)	money purse; wallet
5.	钥匙	yàoshi	名 (n.)	key
6.	圆珠笔	yuánzhūbǐ	名 (n.)	ball-point pen
7.	红	hóng	形 (adj.)	red
8.	球鞋	qiúxié	名 (n.)	sneaker
9.	白	bái	形 (adj.)	white
10.	手表	shǒubiǎo	名 (n.)	watch
11.	蓝	lán	形 (adj.)	blue
12.	自行车	zìxíngchē	名 (n.)	bicycle
13.	绿	lǜ	形 (adj.)	green
14.	书包	shūbāo	名 (n.)	back bag
15.	帽子	màozi	名 (n.)	hat
16.	橡皮	xiàngpí	名 (n.)	eraser
17.	磁带	cídài	名 (n.)	cassette tape

练习 Exercises

◆ 听读听写 *Repetition and Dictation*

◇1. 用慢速和中速跟读课文录音 (Follow the text tape and repeat at a slow and medium pace)。

◇2. 听录音，写句子 (Write down the sentences you hear)。

◆ 词汇语法 *Vocabulary and Grammar*

◇ 看图写词 (Look at the pictures and write the words):

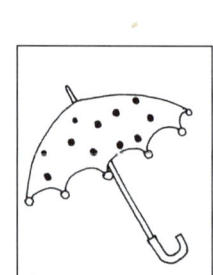   

  (　　)　　　　(　　)　　　　(　　)　　　　(　　)

◇ **活学活用**　　*Learn and Use*

◇ 1. 根据实际情况填空 (Fill in the blanks according to yourself)：

 (1) 我的雨伞是 _____ 色的。

 (2) 我的自行车是 _____ 色的。

 (3) 我的书包是 _____ 色的。

 (4) 我的鞋是 _____ 色的。

◇ 2. 参照例句替换划线部分词语分组问答 (In groups, substitute for the underlined word according to the example)：

 例句：A: 这是你的<u>铅笔</u>吗?

   B: (1) 是我的(<u>铅笔</u>).

     (2) 不是我的(<u>铅笔</u>).

翻　译　练　习　　*Translation*

翻译下面的句子 (Translate the following sentences into Chinese)：

1. This is not my book.

2. I'm sorry, there is only one Chinese teacher here.

3. How strange! Where did my keys go?

◇ 汉字书写　*Write the Characters*

| 务 | 丿 | 夂 | 冬 | 冬 | 务 |

| 伞 | 丿 | 人 | 𠆢 | 伀 | 佘 | 伞 |

| 雨 | 一 | 冂 | 冋 | 帀 | 雨 | 雨 | 雨 |

| 服 | 丿 | 冂 | 月 | 月 | 月 | 刖 | 服 | 服 |

◇ 语音练习　*Pronunciation*

◇ 读下面的句子, 注意b-p的区别 (Read the following sentences and pay attention to the difference between b-p):

  Tā　bóbo　lái　le.
1. 他　伯伯　来　了。　(His uncle has come.)

  Tā　pópo　lái　le.
2. 她　婆婆　来　了。　(Her mother-in-law has come.)

第四课 你们喜欢吃冰激凌吗？
Dì-sì kè　Nǐmen xǐhuan chī bīngjīlíng ma?

课文 Text

方梦丹： 这是我的房间。房间的左边是桌子；桌子上面有一个电视机；右边是我的床；书架在床旁边；房间门口有一个冰箱，冰箱里有很多冰激凌。你们喜欢吃冰激凌吗？

Fāng Mèngdān: Zhè shì wǒ de fángjiān. Fángjiān de zuǒbian shì zhuōzi; zhuōzi shàngmian yǒu yí ge diànshì jī; yòubian shì wǒ de chuáng; shūjià zài chuáng pángbiān; fángjiān ménkǒu yǒu yí ge bīngxiāng, bīngxiāng li yǒu hěnduō bīngjīlíng. Nǐmen xǐhuan chī bīngjīlíng ma?

Lesson Four   Do you like to eat ice cream?

Fang Mengdan: This is my room. The desk is on the left in the room. On the desk there is a TV set. My bed is on the right (in the room). The bookshelf is beside the bed. There is a refrigerator by the entrance. There is a lot of ice cream in the refrigerator. Do you like to eat ice cream?

生词 New Words

1.	你们	nǐmen	代(pron.)	you (plural)
2.	喜欢	xǐhuan	动(v.)	to like
3.	吃	chī	动(v.)	to eat
4.	冰激凌	bīngjīlíng	名(n.)	ice cream
5.	房间	fángjiān	名(n.)	room
6.	左边	zuǒbian	名(n.)	left
7.	桌子	zhuōzi	名(n.)	desk
8.	上面	shàngmian	名(n.)	(on) the top

9.	电视（机）	diànshì(jī)	名(n.)	TV set
10.	右边	yòubian	名(n.)	right
11.	床	chuáng	名(n.)	bed
12.	书架	shūjià	名(n.)	bookshelf
13.	在	zài	动(v.)	to be (at, in)
14.	旁边	pángbiān	名(n.)	beside
15.	门口	ménkǒu	名(n.)	entrance
16.	冰箱	bīngxiāng	名(n.)	refrigerator
17.	里	lǐ	名(n.)	inside, in
18.	很多	hěn duō		a lot

句型 *Pattern Drills*

4.1 房间的左边是……。

shāfā / xǐyījī / chájī / yǐzi
沙发 / 洗衣机 / 茶几 / 椅子

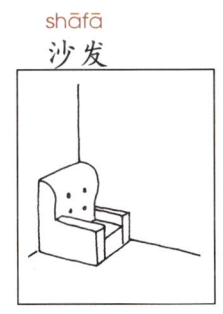 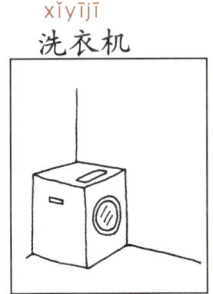  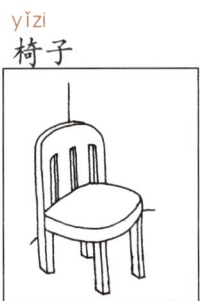

diànshìjī / shūjià / zhuōzi / bīngxiāng
电视机 / 书架 / 桌子 / 冰箱

4.2 桌子上面有……。

yì pén huā / yì zhī māo / yí ge běnzi / yì běn shū
一盆花 / 一只猫 / 一个本子 / 一本书

4.3 书架在……。

chájī zuǒbian
茶几 左边

xǐyījī yòubian
洗衣机 右边

shāfā pángbiān
沙发 旁边

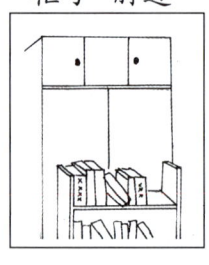
guìzi qiánbian
柜子 前边

diànshìjī hòubian
电视机 后边

生词 New Words

1.	沙发	shāfā	名 (n.)	sofa
2.	洗衣机	xǐyījī	名 (n.)	washing machine
3.	茶几	chájī	名 (n.)	coffee table
4.	椅子	yǐzi	名 (n.)	chair
5.	盆	pén	量 (m.)	for flower pots
6.	花	huā	名 (n.)	flower
7.	只	zhī	量 (m.)	for some animals and insects
8.	猫	māo	名 (n.)	cat
9.	本子	běnzi	名 (n.)	notebook
10.	本	běn	量 (m.)	for bound items, e.g. books, magazines, photo albums.
11.	书	shū	名 (n.)	book
12.	柜子	guìzi	名 (n.)	cupboard

13. 前边　qiánbian　名 (n.)　front side
14. 后边　hòubian　名 (n.)　back side

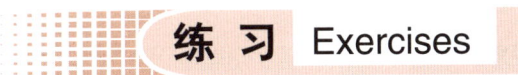

练 习　Exercises

◇ 听读听写　*Repetition and Dictation*

◇1. 用慢速和中速跟读课文录音 (Follow the text tape and repeat at a slow and medium pace)。

◇2. 听录音，写句子 (Write down the sentences you hear)。

◇ 词汇语法　*Vocabulary and Grammar*

◇用 "是／在／有" 选择填空 (Fill in the blanks with "是"，"在"，"有"):

这＿＿＿我的房间。我的床＿＿＿房间的左边；桌子＿＿＿房间的右边。桌子上面＿＿＿一盆花。我的冰箱＿＿＿桌子旁边，冰箱里＿＿＿很多冰激凌。

◇ 活学活用　*Learn and Use*

◇边画图边介绍你现在的房间 (Draw a picture of your room and explain it)。

◇ 课堂游戏　*Game*

西蒙的命令 (Simon says)

　　一个学生发出命令（学生名字＋动词＋介词＋方位词），被叫到名字的学生按命令去做，如：安娜站在椅子上。然后安娜接着发出命令，依次类推。老师可事先介绍几个动词如：坐，站，躺等。

　　One student gives an order (name+v.+prep.+place), the named student must perform the action, e.g. Anna stands on the chair. Then Anna gives an order, and so on. The teacher can introduce some verbs such as, sit, stand, lie down, etc.

翻译练习 Translation

翻译下面的句子(Translate the following sentences into Chinese):
1. The bed is on the left side of the room.
2. There is a bookshelf by the entrance.
3. There is a lot of ice cream in the refrigerator.

汉字书写 Write the Characters

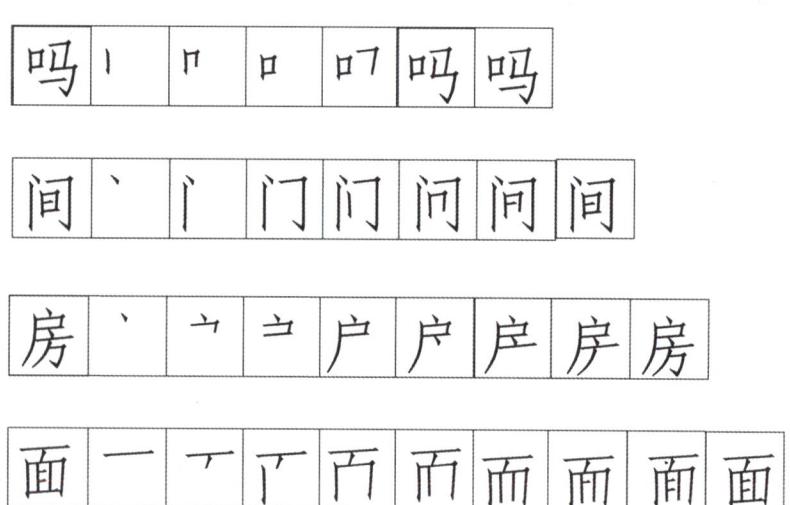

语音练习 Pronunciation

◇ 读下面的句子，注意d-t的区别 (Read the following sentences and pay attention to the difference between d-t):

    duō yí jiàn yīfu.
1. 多 一 件 衣服。(There's one extra article of clothing.)

    tuō yí jiàn yīfu.
2. 脱 一 件 衣服。(Take off one article of clothing.)

第五课 应该当你的姐姐
Dì-wǔ kè   Yīnggāi dāng nǐ de jiějie

课文 Text

朴英玉 (Piáo Yīngyù)： 你有兄弟姐妹吗？
Nǐ yǒu xiōngdì jiěmèi ma?

陆大卫 (Lù Dàwèi)： 我有两个哥哥，一个弟弟。
Wǒ yǒu liǎng ge gēge, yí ge dìdi.

你呢？
Nǐ ne?

朴英玉 (Piáo Yīngyù)： 我没有兄弟姐妹。我是独生女。
Wǒ méiyǒu xiōngdì jiěmèi. Wǒ shì dúshēngnǚ.

陆大卫 (Lù Dàwèi)： 那你当我的妹妹吧。我没有妹妹。
Nà nǐ dāng wǒ de mèimei ba. Wǒ méiyǒu mèimei.

朴英玉 (Piáo Yīngyù)： 你今年多大？
Nǐ jīn nián duō dà?

陆大卫 (Lù Dàwèi)： 十九岁。
Shíjiǔ suì.

朴英玉 (Piáo Yīngyù)： 我二十岁，应该当你的姐姐。
Wǒ èrshí suì, yīnggāi dāng nǐ de jiějie.

Lesson Five   I should be your elder sister.

Piao Yingyu: Do you have any brothers and sisters?
Lu Dawei: I have two elder brothers and one younger brother. And you?
Piao Yingyu: I don't have any brothers and sisters. I'm an only child (girl).
Lu Dawei: Then be my younger sister. I don't have any sisters.
Piao Yingyu: How old are you this year?
Lu Dawei: 19 years old.
Piao Yingyu: I'm 20, I should be your elder sister.

生词 New Words

1.	应该	yīnggāi	助动（aux.）	should, must
2.	当	dāng	动（v.）	to be
3.	姐姐	jiějie	名（n.）	elder sister
4.	兄弟	xiōngdì	名（n.）	brothers
5.	姐妹	jiěmèi	名（n.）	sisters
6.	两	liǎng	数（num.）	two (used before measure words)
7.	哥哥	gēge	名（n.）	elder brother
8.	弟弟	dìdi	名（n.）	younger brother
9.	没有	méiyǒu	动、副（v./adv.）	not have
10.	独生女	dúshēngnǚ		only child (girl)
11.	妹妹	mèimei	名（n.）	younger sister
12.	今年	jīnnián	名（n.）	this year
13.	多大	duō dà		how old
14.	岁	suì	量（m.）	for age

句型 Pattern Drills

 5.1 你有……吗？

gēge 　　jiějie 　　dìdi 　　mèimei
哥哥　　　姐姐　　　弟弟　　　妹妹

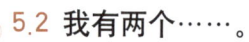 5.2 我有两个……。

bóbo
伯伯

shūshu
叔叔

gūgu
姑姑

jiùjiu
舅舅

yí
姨

● 5.3 我……岁。

shíbā
十八

yìbǎi líng yī
一百零一

sìshí
四十

bāshísān
八十三

yī	èr	sān	sì	wǔ	liù	qī	bā	jiǔ	shí
一	二	三	四	五	六	七	八	九	十
1	2	3	4	5	6	7	8	9	10

shíyī	shí'èr	èrshí	sānshí	yìbǎi	yìqiān	yíwàn	yíwàn èrqiān sānbǎi sìshí wǔ
十一	十二	二十	三十	一百	一千	一万	一万二千三百四十五
11	12	20	30	100	1000	10000	12345

生词 New Words

1. 伯伯　bóbo　　名(n.)　　uncle (father's elder brother)
2. 叔叔　shūshu　名(n.)　　uncle (father's younger brother)
3. 姑姑　gūgu　　名(n.)　　aunt (father's sisters)
4. 舅舅　jiùjiu　　名(n.)　　uncle (mother's brothers)
5. 姨　　yí　　　名(n.)　　aunt (mother's sisters)
6. 零　　líng　　数(num.)　zero

练习 Exercises

听读听写　Repetition and Dictation

◇1. 用慢速和中速跟读课文录音 (Follow the text tape and repeat at a slow and medium pace)。

◇2. 听录音，写句子 (Write down the sentences you hear)。

词汇语法　Vocabulary and Grammar

◇填空解释词义　(Fill in the blanks to complete the definition):

1. 姑姑——（　　　　）的姐姐或妹妹。
2. 舅舅——妈妈的（　　　　）。
3. 姨　——（　　　　）。
4. 叔叔——（　　　　）。
5. 伯伯——（　　　　）。

活学活用　Learn and Use

◇回答问题 (Answer the questions):

1. 你有兄弟姐妹吗?
2. 你是独生子（女）吗?

3. 你爸爸、妈妈有兄弟姐妹吗?
4. 你弟弟(哥哥、姐姐、妹妹)多大?

翻译练习 Translation

翻译下面的句子(Translate the following sentences into Chinese):
1. I have two elder sisters and one younger brother.
2. I'm an only child (boy).
3. I should be your elder brother.

汉字书写 Write the Characters

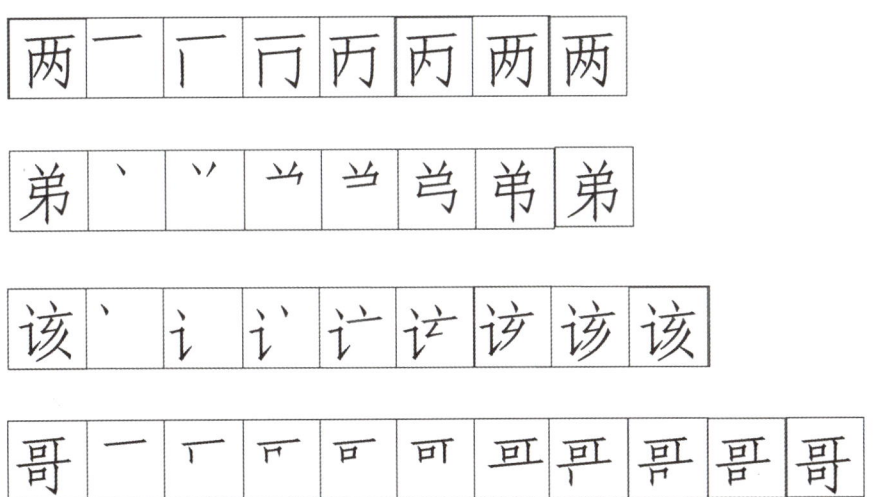

语音练习 Pronunciation

◇ 读下面的绕口令 (Read the tongue-twister):

Sì shì sì, shí shì shí, shísì shì shísì, sìshí shì sìshí.
四是四,十是十,十四是十四,四十是四十。

Dì-liù kè　　Nà nǐ zěnme jiāo?
第六课　那你怎么教?

课文 Text

金妻 (Jīn qī)： 你的班有多少学生?
(Nǐ de bān yǒu duōshao xuésheng?)

金老师 (Jīn lǎoshī)： 一共二十五人。
(Yígòng èrshíwǔ rén.)

金妻 (Jīn qī)： 真够多的。他们的汉语怎么样?
(Zhēn gòu duō de. Tāmen de Hànyǔ zěnmeyàng?)

金老师 (Jīn lǎoshī)： 都是零起点的，有的会说几句，有的一句也不会说。
(Dōu shì língqǐdiǎn de, yǒude huì shuō jǐ jù, yǒude yí jù yě bú huì shuō.)

金妻 (Jīn qī)： 天哪！一句也不会？那你怎么教?
(Tiān na! Yí jù yě bú huì? Nà nǐ zěnme jiāo?)

Lesson Six　How can you teach?

Jin's wife:　How many students are there in your class?
Teacher Jin:　25 in all.
Jin's wife:　So many! How are their Chinese?
Teacher Jin:　They are all studying from the very beginning. Some have learned several sentences, some don't know even one sentence.
Jin's wife:　God! How can you teach if they don't know even one sentence?

生词 New Words

1.	怎么	zěnme	代 (pron.)	how
2.	教	jiāo	动 (v.)	to teach
3.	妻	qī	名 (n.)	wife
4.	班	bān	名 (n.)	class
5.	多少	duōshao	代 (pron.)	how many; how much

6.	一共	yígòng	副（adv.）	in all; totally
7.	人	rén	名（n.）	person; people
8.	真	zhēn	副（adv.）	really
9.	够……的	gòu......de		it's really..., quite
10.	多	duō	形（adj.）	many; much
11.	汉语	Hànyǔ	名（n.）	Chinese language
12.	怎么样	zěnmeyàng		how (use as a predicative or complement)
13.	都	dōu	副（adv.）	all
14.	零起点	língqǐdiǎn		(beginning) from point zero
15.	有的	yǒude	代（pron.）	some
16.	会	huì	动（v.）	to know how to
17.	说	shuō	动（v.）	to say; to speak
18.	几	jǐ	代（pron.）	several
19.	句	jù	量（m.）	for sentences

句型 Pattern Drills

6.1 有多少……？

jiàoshī
教师

zhíyuán
职员

gōngrén
工人

jǐngchá
警察

6.2 一共……

wǔ míng xuésheng
五名 学生

liù zhāng zhuōzi
六张 桌子

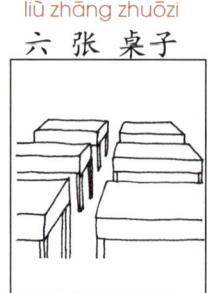

sān liàng zìxíngchē
三辆 自行车

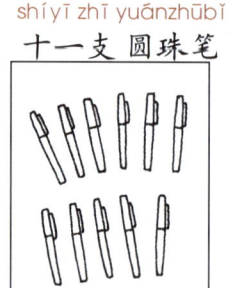

shíyī zhī yuánzhūbǐ
十一支 圆珠笔

6.3 真够……的

rè
热

lèi
累

máng
忙

zhòng
重

6.4 有的……，有的……

Yǒude shì xuésheng, yǒude shì gōngrén.
有的是学生， 有的是工人。

Yǒude huì shuō Yīngyǔ, yǒude huì shuō Rìyǔ.
有的会说 英语，有的会说日语。

Yǒude chī jiǎozi, yǒude chī miàntiáo.
有的 吃 饺子，有的 吃 面条。

Yǒude qù shāngdiàn, yǒude qù gōngyuán.
有的 去 商店， 有的 去 公园。

生词 New Words

1.	教师	jiàoshī	名 (n.)	teacher
2.	职工	zhígōng	名 (n.)	employee
3.	工人	gōngrén	名 (n.)	worker
4.	警察	jǐngchá	名 (n.)	police
5.	名	míng	量 (m.)	for persons in general
6.	张	zhāng	量 (m.)	sheet, for flat things or things with a flat surface
7.	辆	liàng	量 (m.)	for any kind of land vehicle
8.	支	zhī	量 (m.)	for rod shaped things
9.	热	rè	形 (adj.)	hot
10.	累	lèi	形 (adj.)	tired
11.	忙	máng	形 (adj.)	busy
12.	重	zhòng	形 (adj.)	heavy
13.	英语	Yīngyǔ	名 (n.)	English
14.	日语	Rìyǔ	名 (n.)	Japanese
15.	饺子	jiǎozi	名 (n.)	jiaozi (a kind of dumpling)
16.	面条	miàntiáo	名 (n.)	noodles
17.	去	qù	动 (v.)	to go
18.	商店	shāngdiàn	名 (n.)	shop; store
19.	公园	gōngyuán	名 (n.)	park

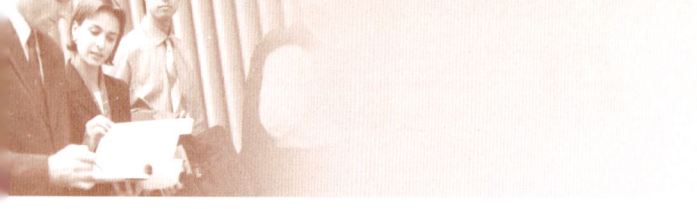

练习 Exercises

◆ 听读听写　Repetition and Dictation

◇ 1. 用慢速和中速跟读课文录音 (Follow the text tape and repeat at a slow and medium pace)。
◇ 2. 听录音，写句子 (Write down the sentences you hear)。

◆ 词汇语法　Vocabulary and Grammar

◇ 填上量词 (Fill in the measure words):
　一（　）雨伞　　一（　）猫　　一（　）铅笔
　一（　）桌子　　一（　）书　　一（　）自行车

◆ 活学活用　Learn and Use

◇ 填空并朗读下面的短文 (Fill in the blanks and read the paragraph):
　　我们班有_____名学生，有的同学是_____人，有的同学是_____人，我们_____是零起点的学生，有的会说_____汉语，有的_____也不会说。

◆ 翻译练习　Translation

翻译下面的句子 (Translate the following sentences into Chinese):
1. How many people are there in your family?
2. Are they all studying from the very beginning?
3. There are 20 students in my class, some are from Korea, some are from Japan.

◆ 汉字书写   *Write the Characters*

◆ 语音练习   *Pronunciation*

◇ 读下面的句子, 注意g-k的区别 (Read the following sentences and pay attention to the difference between g-k):

    Zhè ge gōngzuò nǐ xiǎng gàn ma?
1. 这 个 工作 你 想 干 吗? (Do you want to do this work?)

    Zhè ge diànyǐng nǐ xiǎng kàn ma?
2. 这 个 电影 你 想 看 吗? (Do you want to see this film?)

第七课 这儿是日本餐馆
Dì qī kè zhèr shì Rìběn cānguǎnr

课文 Text

玛丽（Mǎlì）: 请问，这儿有饺子吗？
　　　　　　 Qǐng wèn, zhèr yǒu jiǎozi ma?

服务员（Fúwùyuán）: 没有。
　　　　　　　　 Méiyǒu.

玛丽（Mǎlì）: 有没有包子？
　　　　　　 Yǒu méiyǒu bāozi?

服务员（Fúwùyuán）: 没有。
　　　　　　　　 Méiyǒu.

玛丽（Mǎlì）: 有馄饨没有？
　　　　　　 Yǒu húntun méiyǒu?

服务员（Fúwùyuán）: 也没有。
　　　　　　　　 Yě méiyǒu.

玛丽（Mǎlì）: 怎么都没有？
　　　　　　 Zěnme dōu méiyǒu?

服务员（Fúwùyuán）: 很抱歉，小姐，这儿是日本餐馆。
　　　　　　　　 Hěn bàoqiàn, xiǎojie, zhèr shì Rìběn cānguǎnr.

Lesson Seven   This is Japanese restaurant.

Mali: Excuse me, do you have jiaozi?
Waiter: No.
Mali: Do you have baozi?
Waiter: (We) also don't have.
Mali: Do you have wonton soup?
Waiter: (We) also don't have.
Mali: How come you don't have any of these?
Waiter: Very sorry, Miss. This is Japanese restaurant.

生词 *New Words*

1. 这儿 zhèr 代(pron.) here, this place
2. 日本 Rìběn 名(n.) Japan
3. 餐馆 cānguǎnr 名(n.) restaurant
4. 请问 qǐng wèn excuse me, may I ask...
5. 包子 bāozi 名(n.) baozi
6. 馄饨 húntun 名(n.) wonton soup
7. 小姐 xiǎojie 名(n.) Miss
8. 很 hěn 副(adv.) very
9. 抱歉 bàoqiàn 形(adj.) sorry

句型 *Pattern Drills*

7.1 这儿有……吗?

| mǐfàn | mántou | chǎofàn | shāomài |
| 米饭 | 馒头 | 炒饭 | 烧卖 |

| miàntiáo | bīngjīlíng | yǔsǎn | yóupiào |
| 面条 / 冰激凌 / 雨伞 / 邮票 |

7.2 有没有……?

| Yīng-Hàn Cídiǎn | Hànyǔ kèběn | diànhuàkǎ | Fùshì jiāojuǎn |
| 《英汉词典》 | 汉语课本 | 电话卡 | 富士胶卷 |

● **7.3 有……没有？**

Běijīng Wǎnbào
《北京晚报》

Rénmín Rìbào
《人民日报》

Zúqiú Bào
《足球报》

Guǎngbō Diànshì Bào
《广播电视报》

● **7.4 这儿是……餐馆。**

Yìndù
印度

Hánguó
韩国

Fǎguó
法国

Yìdàlì
意大利

生词 New Words

1.	米饭	mǐfàn	名 (n.)	rice
2.	馒头	mántou	名 (n.)	steamed bread
3.	炒饭	chǎofàn	名 (n.)	fried rice
4.	烧卖	shāomài	名 (n.)	another kind of baozi
5.	英汉词典	Yīng-Hàn Cídiǎn		English-Chinese dictionary
6.	电话卡	diànhuàkǎ		telephone card
7.	富士胶卷	Fùshì jiāojuǎn		Fuji film
8.	北京晚报	Běijīng Wǎnbào		Beijing Evening Paper
9.	人民日报	Rénmín Rìbào		People's Daily
10.	足球报	Zúqiú Bào		Football Newspaper
11.	广播电视报	Guǎngbō Diànshì Bào		Radio and TV Guide
12.	印度	Yìndù		India

13.	韩国	Hánguó	South Korea
14.	法国	Fǎguó	France
15.	意大利	Yìdàlì	Italy

练 习 Exercises

听读听写 Repetition and Dictation

◇ 1. 用慢速和中速跟读课文录音 (Follow the text tape and repeat at a slow and medium pace)。

◇ 2. 听录音，写句子 (Write down the sentences you hear)。

词汇语法 Vocabulary and Grammar

◇ 选择填空 (Choose the following words and fill in the blanks):

我喜欢吃 _____ ，不喜欢吃 _____ 。

(1)饺子　　(2)馄饨　　(3)包子　　(4)冰激凌
(5)炒饭　　(6)烧卖　　(7)面条　　(8)馒头

活学活用 Learn and Use

◇ 回答问题 (Answer the questions):

1. 你喜欢去意大利（日本、印度、韩国、法国）餐馆吗？
2. 你喜欢的意大利（日本、印度、韩国、法国、中国）餐馆在哪儿？
3. 问问你的同学喜欢吃什么。

翻译练习 Translation

翻译下面的句子 (Translate the following sentences into Chinese):

1. Excuse me, do you have fried rice and steamed bread?

2.How come you don't have any of these?
3.Very sorry, Miss. This is Italian restaurant.

◇ 汉字书写　*Write the Characters*

北	丨	十	干	北	北			

包	丿	勹	勻	匀	包			

姐	く	夕	女	刘	如	如	姐	姐

起	一	十	土	丰	丰	走	走	起	起	起

◇ 语音练习　*Pronunciation*

◇ 读下面的句子,注意 j-q 的区别 (Read the following sentence and pay attention to the difference between j-q):

Wǒ mǎi jīqì, bù mǎi qīqì.
我 买 机器 ，不 买 漆器。　(I buy machines, not lacquerwares)

第八课 啊？在我家？
Dì-bā kè Á? Zài wǒ jiā?

课文 Text

张明: 小妹妹，你姐姐在家吗？
Zhāng Míng: Xiǎo mèimei, nǐ jiějie zài jiā ma?

圆圆: 你是谁？
Yuányuan: Nǐ shì shéi?

张明: 我是你姐姐的同学。
Zhāng Míng: Wǒ shì nǐ jiějie de tóngxué.

圆圆: 她不在家。
Yuányuan: Tā bú zài jiā.

张明: 她现在在哪儿？
Zhāng Míng: Tā xiànzài zài nǎr?

圆圆: 好像在同学家。
Yuányuan: Hǎoxiàng zài tóngxué jiā.

张明: 你知道她在哪个同学家吗？
Zhāng Míng: Nǐ zhīdào tā zài nǎ ge tóngxué jiā ma?

圆圆: 姓张……，哦，叫张明。
Yuányuan: Xìng Zhāng......, ò, jiào Zhāng Míng.

张明: 啊？在我家？
Zhāng Míng: Á? Zài wǒ jiā?

Lesson Eight   Huh? At my house?

Zhang Ming: Little sister, is your elder sister home?
Yuanyuan: Who are you?
Zhang Ming: I'm your sister's classmate.
Yuanyuan: She's not home.
Zhang Ming: Where's she now?
Yuanyuan: I think (it seems to me) she is at her classmate's house.
Zhang Ming: Do you know which classmate's home she is at?
Yuanyuan: I think (It seems to me) Zhang... Oh, his name is Zhang Ming.
Zhang Ming: Huh? At my house?

生词 New Words

1.	啊	ā	叹 (int.)	huh
2.	家	jiā	名 (n.)	home
3.	小	xiǎo	形 (adj.)	small; little
4.	谁	shéi	代 (pron.)	who
5.	她	tā	代 (pron.)	she; her
6.	现在	xiànzài	名 (n.)	now
7.	好像	hǎoxiàng	副 (adv.)	seem
8.	知道	zhīdào	动 (v.)	to know
9.	哪个	nǎge	代 (pron.)	which
10.	哦	ò	叹 (int.)	oh

句型 Pattern Drills

8.1 ……在家吗？

nǐ àiren	Liú lǎoshī	Zhāng jīnglǐ	Lǐ xiānsheng
你爱人	刘老师	张经理	李先生

  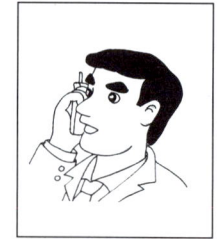 

8.2 ……不在家

wǒ yéye	wǒ nǎinai	wǒ érzi	wǒ nǚ'ér
我爷爷	我奶奶	我儿子	我女儿

8.3 你知道……吗？

zhè wèi fūren shì shéi	tā huà de shì shénme	zhǔrèn zài nǎr	máobǐ zěnme yòng
这位夫人是谁	他画的是什么	主任在哪儿	毛笔怎么用

生词 New Words

1.	爱人	àiren	名 (n.)	spouse
2.	经理	jīnglǐ	名 (n.)	manager
3.	先生	xiānsheng	名 (n.)	gentlemen, Mr.
4.	奶奶	nǎinai	名 (n.)	grandmother (father's mother)
5.	儿子	érzi	名 (n.)	son
6.	女儿	nǚ'ér	名 (n.)	daughter
7.	夫人	fūren	名 (n.)	madam; Mrs.
8.	画	huà	动 (v.)	to draw (a picture)
9.	主任	zhǔrèn	名 (n.)	director
10.	毛笔	máobǐ	名 (n.)	paintbrush
11.	用	yòng	动 (v.)	to use

练习 Exercises

听读听写 Repetition and Dictation

◇1. 用慢速和中速跟读课文录音 (Follow the text tape and repeat at a slow and medium pace)。

◇2. 听录音，写句子 (Write down the sentences you hear)。

词汇语法 Vocabulary and Grammar

◇ 给下面的对话填上适当的动词并分组朗读 (Fill in the blanks with proper verbs and read in groups):

A: 你哥哥 _____ 家吗?
B: 他不 _____ 家。请问,你 _____ 谁?
A: 我 _____ 他的朋友。
B: 您贵 _____ ?
A: 我 _____ 张。我 _____ 张明。

◆ 活学活用 Learn and Use

◇ 分组表演课文 (In groups, act out the text)。

◆ 课堂游戏 Game

家庭树 (Family tree)

一个学生在黑板上画一棵家庭树,按长幼顺序写上名字和男女,确定"我"的位置,然后问同学问题,如:某某是我的什么人?我的姑姑是谁?

One student draws his/her family tree on the blackboard, including names and sex, and write "I" for his/her proper position in the tree. Ask questions to classmates, e.g. who is someone (name)? Who is my aunt?

◆ 翻 译 练 习 Translation

翻译下面的句子 (Translate the following sentences into Chinese):

1. Where's my roommate now?
2. It seems that he is at his classmate's house.
3. She has three boyfriends. Do you know which boyfriend's home she is at?

◆ 汉字书写 Write the Characters

| 毛 | 一 | 二 | 三 | 毛 |

| 奶 | ㄣ | ㄠ | 女 | 奶 | 奶 |

| 画 | 一 | 厂 | 冂 | 戸 | 雨 | 両 | 画 | 画 |

| 谁 | 丶 | 讠 | 讠 | 讠 | 讠 | 诈 | 诈 | 谁 | 谁 |

◇ **语音练习** *Pronunciation*

◇ 读下面的句子,注意z-c的区别 (Read the following sentences and pay attention to the difference between z-c):

1. Wǒ xǐhuan chī zǎo.
   我 喜欢 吃 枣。 (I like to eat dates.)

2. Niú xǐhuan chī cǎo.
   牛 喜欢 吃 草。 (Cows like to eat grass.)

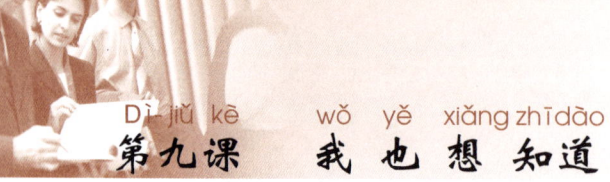

第九课 我也想知道
Dì jiǔ kè wǒ yě xiǎng zhīdào

课文 Text

布什 Bùshí: 喂！是赵经理家吗？
Wéi! Shì Zhào jīnglǐ jiā ma?

赵妻 Zhào qī: 是啊！您是哪位？
Shì a! Nín shì nǎ wèi?

布什 Bùshí: 我是计算机公司的，有急事找他。
Wǒ shì jìsuànjī gōngsī de, yǒu jí shì zhǎo tā.

赵妻 Zhào qī: 他现在不在家。
Tā xiànzài bú zài jiā.

布什 Bùshí: 他什么时候回来？
Tā shénme shíhou huílai?

赵妻 Zhào qī: 我也想知道。
Wǒ yě xiǎng zhīdào.

Lesson Nine I would also like to know.

Bush: Hello, is this Manager Zhao's home?
Zhao's wife: Yes. Who is speaking?
Bush: I'm from the computer company. We need him for urgent business.
Zhao's wife: He's not home right now.
Bush: When will he come back?
Zhao's wife: I would also like to know!

生词 New Words

1. 想　　xiǎng　　助动 (aux.)　　want (to do), would like
2. 喂　　wéi　　叹 (int.)　　hello
3. 计算机　jìsuànjī　　名 (n.)　　computer
4. 公司　gōngsī　　名 (n.)　　company
5. 急　　jí　　形 (adj.)　　urgent

6.	事	shì	名 (n.)	matter, event
7.	找	zhǎo	动 (v.)	to look for
8.	时候	shíhou	名 (n.)	time
9.	什么时候	shénme shíhou		when
10.	回来	huílai		to come back

句型 *Pattern Drills*

 9.1 喂！是……吗？

Běijīng Dàxué
北京大学

liúxuéshēng sùshè
留学生宿舍

Běijīng Fàndiàn
北京饭店

Hànyǔ zhōngxīn
汉语中心

9.2 我是……的。

yóujú
邮局

yínháng
银行

sùdì gōngsī
速递公司

kuàicān gōngsī
快餐公司

 9.3 他什么时候……？

xià kè
下课

huí jiā
回家

xià bān
下班

fàng xué
放学

45

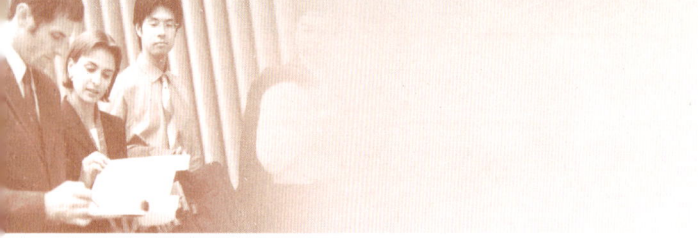

生词 New Words

1.	北京	Běijīng	名 (n.)	Beijing
2.	大学	dàxué	名 (n.)	university
3.	北京大学	Běijīng Dàxué		Peking Uiversity
4.	留学生	liúxuéshēng	名 (n.)	foreign student
5.	宿舍	sùshè	名 (n.)	dormitory
6.	饭店	fàndiàn	名 (n.)	hotel
7.	中心	zhōngxīn	名 (n.)	center
8.	邮局	yóujú	名 (n.)	post office
9.	银行	yínháng	名 (n.)	bank
10.	速递公司	sùdì gōngsī		express delivery company
11.	快餐	kuàicān	名 (n.)	fast food
12.	下课	xià kè		to get out of class
13.	回家	huí jiā		to go home
14.	下班	xià bān		to get off work
15.	放学	fàng xué		to finish school for the day

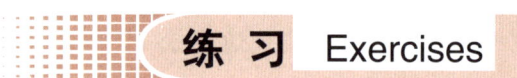

练习 Exercises

◇ **听读听写** Repetition and Dictation

◇1. 用慢速和中速跟读课文录音 (Follow the text tape and repeat at a slow and medium pace)。

◇2. 听录音，写句子 (Write down the sentences you hear)。

◇ **词汇语法** Vocabulary and Grammar

◇读下面的句子，体会"的"字后面的省略 (Read the following sentences and pay attention to the omitting part after "的"):

1. 我是北大的（教师／学生）。
2. 他是韩国的（留学生）。

3. 你是快餐公司的（职工）吗？

◇ **活学活用** *Learn and Use*

◇ 模仿课文分组表演对话 (Present in your group, your own dialogue, using the text dialogue as an example).

◇ **翻译练习** *Translation*

翻译下面的句子 (Translate the following sentences into Chinese):
1. Hello, is this the computer company?
2. When will your manager come back?
3. I would also like to know!

◇ **汉字书写** *Write the Characters*

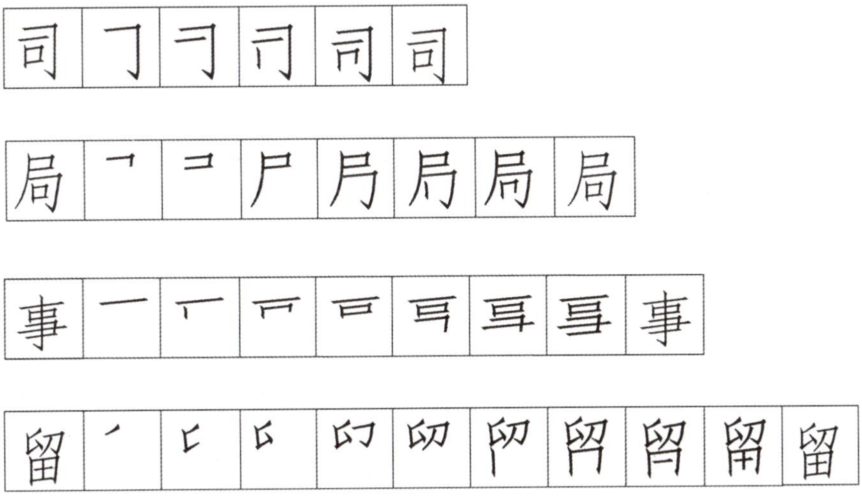

| 司 | 丁 | 刁 | 司 | 司 | 司 |

| 局 | 一 | 二 | 尸 | 月 | 局 | 局 | 局 |

| 事 | 一 | 一 | 一 | 亏 | 写 | 写 | 事 |

| 留 | 丶 | ㄏ | ㄅ | 知 | 切 | 邜 | 甾 | 甾 | 留 |

◇ **语音练习** *Pronunciation*

◇ 读下面的句子，注意 z–c 的区别 (Read the following sentences and pay attention to the difference between z–c):

       Shǒu shang yǒu ge zì.
1. 手 上 有 个 字。(On the hand there is a character.)

       Shǒu shang yǒu ge cì.
2. 手 上 有 个 刺。(On the hand there is a thorn.)

第十课　乔丹的朋友就是我的朋友
Dì-shí kè　Qiáodān de péngyou jiùshì wǒ de péngyou

课文 Text

Mǎ Āndí: Nín zhǎo shéi?
马安迪：您找谁？

Wáng Lán: Wǒ zhǎo Luó Qiáodān. Wǒ shì tā de fǔdǎo.
王兰：我找罗乔丹。我是他的辅导。

Mǎ Āndí: Qǐng děng yíxià, tā mǎshàng huílai. Qǐng zuò ba.
马安迪：请等一下，他马上回来。请坐吧！

Wáng Lán: Dǎrǎo le.
王兰：打扰了。

Mǎ Āndí: Hē diǎnr kāfēi ba.
马安迪：喝点儿咖啡吧！

Wáng Lán: Xièxie.
王兰：谢谢。

Mǎ Āndí: Bú yòng xiè. Qiáodān de péngyou jiùshì wǒ de péngyou.
马安迪：不用谢。乔丹的朋友就是我的朋友。

Lesson Ten   Qiaodan's friends are my friends.

Ma Andi: Whom are you looking for?

Wang Lan: I'm looking for Luo Qiaodan. I'm his tutor.

Ma Andi   Please wait a moment. He'll be back soon. Please sit down!

Wang Lan: (I'm sorry) to disturb you.

Ma Andi: Some coffee?

Wang Lan: Thank you!

Ma Andi: No problem. Qiaodan's friends are my friends.

生词 New Words

1.	就是	jiùshì		to be exactly
2.	辅导	fǔdǎo	动、名 (v./n.)	to tutor; tutor
3.	请	qǐng	动 (v.)	to invite; please
4.	等	děng	动 (v.)	to wait
5.	(一)下	(yí)xià	量 (m.)	a moment; a while
6.	马上	mǎshàng	副 (adv.)	at once
7.	坐	zuò	动 (v.)	to sit
8.	吧	ba	助	particle, expressing suggestion or discussion
9.	打扰	dǎrǎo	动 (v.)	to disturb
10.	喝	hē	动 (v.)	to drink
11.	(一)点儿	(yì)diǎnr	量 (m.)	a little
12.	谢谢	xièxie	动 (v.)	to thank; thanks
13.	咖啡	kāfēi	名 (n.)	coffee
14.	不用	búyòng	副 (adv.)	no need

句型 Pattern Drills

 10.1 我找……。

zǒngjīnglǐ	dǒngshìzhǎng	Zhāng nǚshì	Lǐ xiàozhǎng
总经理	董事长	张女士	李校长

 10.2 我是……（的）……。

nǐ de tóngshì
你的同事

tā gēge
他哥哥

nín de xuésheng
您的学生

nǐmen de kǒuyǔ lǎoshī
你们 的 口语 老师

tāmen de péngyou
他们 的 朋友

10.3 喝点儿……吧!

chá
茶

kuàngquánshuǐ
矿泉水

píjiǔ
啤酒

kělè
可乐

生词 New Words

1.	总经理	zǒngjīnglǐ	名 (n.)	general manager
2.	董事长	dǒngshìzhǎng	名 (n.)	chairman of the board
3.	女士	nǚshì	名 (n.)	lady
4.	校长	xiàozhǎng	名 (n.)	school head
5.	同事	tóngshì	名 (n.)	colleague
6.	他们	tāmen	代 (pron.)	they; them

7.	口语	kǒuyǔ	名（n.）	spoken language
8.	茶	chá	名（n.）	tea
9.	矿泉水	kuàngquánshuǐ	名（n.）	mineral water
10.	啤酒	píjiǔ	名（n.）	beer
11.	可乐	kělè	名（n.）	cola

练习 Exercises

听读听写 Repetition and Dictation

◇ 1. 用慢速和中速跟读课文录音 (Follow the text tape and repeat at a slow and medium pace)。

◇ 2. 听录音，写句子 (Write down the sentences you hear)。

词汇语法 Vocabulary and Grammar

◇ 选择填空 (Choose the proper word and fill in the blanks):

1. _____（你／您）是 _____（他们／你们）班的汉语老师吗？
2. _____（他们／他）是半个美国人。
3. _____（我／我们）五百年前是一家。

活学活用 Learn and Use

◇ 回答问题 (Answer the questions):

1. 你有汉语辅导吗？请介绍（jièshào; to introduce）你的辅导。
2. 你有中国朋友吗？你想教英语吗？

翻译练习 Translation

翻译下面的句子 (Translate the following sentences into Chinese):

1. What are you looking for?
2. Please wait a moment. Do you want some coffee?
3. I'm the general manager of the company.

◇ 汉字书写　*Write the Characters*

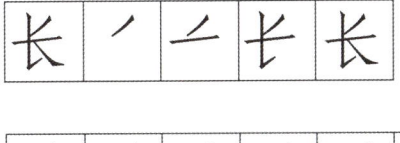

◇ 语音练习　*Pronunciation*

◇ 读下面的绕口令 (Read the tongue-twister):

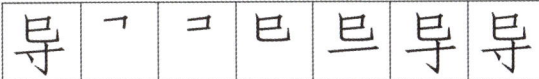

吃 葡萄 不 吐 葡萄 皮儿，不 吃 葡萄 倒 吐 葡萄 皮儿。

第十一课 这么贵？
Dì-shíyī kè Zhème guì?

课文 Text

Cuī Chéngzhé: Qǐng wèn, zhè píngguǒ duōshao qián yì jīn?
崔成哲：请问，这苹果多少钱一斤？

Shòuhuòyuán: Liǎng kuài wǔ (máo). Nǐ yào duōshao?
售货员：两块五（毛）。你要多少？

Cuī Chéngzhé: Wǒ mǎi sān ge.
崔成哲：我买三个。

Shòuhuòyuán: Yì jīn bàn, sān kuài qī máo wǔ (fēn).
售货员：一斤半，三块七毛五（分）。

Hái yào biéde ma?
还要别的吗？

Cuī Chéngzhé: Zhè xīguā zěnme mài?
崔成哲：这西瓜怎么卖？

Shòuhuòyuán: Yì jīn liǎng kuài.
售货员：一斤两块。

Cuī Chéngzhé: Zhème guì? Bú yào le.
崔成哲：这么贵？不要了。

Lesson Eleven   So expensive?

Cui Chengzhe: Excuse me, how much is it for 1 jin of this (kind of) apple?

Salesperson: 2 kuai 5 mao. How much do you want?

Cui Chengzhe: Three apples.

Salesperson: 1 jin and a half. 3 kuai 7 mao 5 (fen). Anything else?

Cui Chengzhe: How much is the watermelon?

Salesperson: 1 jin 2 kuai.

Cui Chengzhe: So expensive? I don't want it.

生词 New Words

1. 这么   zhème   代 (pron.)   so; this much
2. 贵   guì   形 (adj.)   expensive

3.	苹果	píngguǒ	名 (n.)	apple
4.	钱	qián	名 (n.)	money
5.	斤	jīn	量 (m.)	0.5 kilogram
6.	售货员	shòuhuòyuán	名 (n.)	salesperson
7.	块	kuài	量 (m.)	for Chinese currency in spoken language, equivalent to yuan
8.	毛	máo	量 (m.)	0.1 kuai
9.	要	yào	动 (v.)	to want
10.	买	mǎi	动 (v.)	to buy
11.	分	fēn	量 (m.)	0.01 kuai
12.	还	hái	副 (adv.)	still
13.	别的	biéde	代 (pron.)	others (things, people, etc.)
14.	西瓜	xīguā	名 (n.)	watermelon
15.	卖	mài	动 (v.)	to sell

句型 Pattern Drills

 11.1 块（元）、毛（角）、分

yì bǎi kuài(yuán)
一百块（元）

wǔ máo(jiǎo)
五毛（角）

bā fēn
八分

  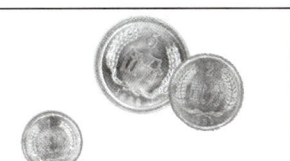

Shíliù kuài
十六块

liǎng máo èr
两毛二

qīshí kuài líng yì máo
七十块 零 一毛

55

11.2 这……多少钱一斤？

pútao	yīngtao	júzi	táo
葡萄	樱桃	橘子	桃

 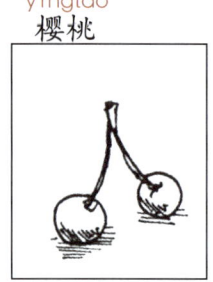  

11.3 我买……

yí ge xīguā	èr jīn lí	yì bǎ xiāngjiāo	yì xiāng cǎoméi
一个西瓜	二斤梨	一把香蕉	一箱 草莓

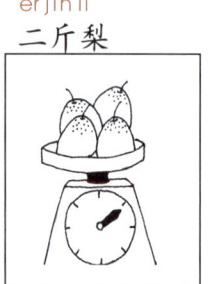 

11.4 这么……

gāo	shǎo	shòu	máfan
高	少	瘦	麻烦

生词 New Words

1. 元　yuán　　量（m.）　formal term for "kuai" (Chinese currency)
2. 角　jiǎo　　量（m.）　formal term for "mao"
3. 葡萄　pútao　　名（n.）　grape

4.	樱桃	yīngtao	名 (n.)	cherry
5.	橘子	júzi	名 (n.)	tangerine
6.	桃	táo	名 (n.)	peach
7.	梨	lí	名 (n.)	pear
8.	香蕉	xiāngjiāo	名 (n.)	banana
9.	箱	xiāng	量 (m.)	a box
10.	草莓	cǎoméi	名 (n.)	strawberry
11.	高	gāo	形 (adj.)	tall; high
12.	少	shǎo	形 (adj.)	little; few
13.	瘦	shòu	形 (adj.)	thin; tight
14.	麻烦	máfan	形 (adj.)	trouble

练习 Exercises

◇ 听读听写 *Repetition and Dictation*

◇1. 用慢速和中速跟读课文录音 (Follow the text tape and repeat at a slow and medium pace)。

◇2. 听录音，写句子 (Write down the sentences you hear)。

◇ 词汇语法 *Vocabulary and Grammar*

◇1. 看图写词 (Look at the pictures and name them):

(　　　)　(　　　)　(　　　)　(　　　)　(　　　)

◇2. 写出反义词 (Give the opposites to the following words):

多 -（　） 买 -（　） 左边 -（　） 前边 -（　）

活学活用　Learn and Use

◇1. 认读人民币 (Try to know and read the Chinese money)。

◇2. 用实物或图片表演购物 (Use objects or pictures to perform "shopping")。

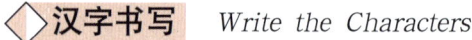翻 译 练 习　Translation

翻译下面的句子 (Translate the following sentences into Chinese):
1. How much of the cherries do you want?
2. How much is the strawberries?
3. Why is she so thin?

◇ 汉字书写　Write the Characters

瓜	一	厂	爪	瓜	瓜			
角	⺈	⺈	疒	甪	甬	角	角	
货	ノ	亻	仔	化	化	华	货	货
莓	一	十	艹	艹	芦	莓	莓	莓	莓

语音练习 *Pronunciation*

◇ 读下面的句子，注意 uan 和 uang 的区别 (Read the following sentences and pay attention to the difference between uan-uang):

1. Zhè shì háizi de xiǎo chuán.
   这 是 孩子 的 小 船。(This is the child's little boat.)

2. Zhè shì háizi de xiǎo chuáng.
   这 是 孩子 的 小 床。(This is the child's little bed.)

第十二课 你真可怜
Dì-shí'èr kè Nǐ zhēn kělián

课文 Text

Lù Dàwèi: Tīngshuō Běijīng dōngtiān hěn lěng.
陆大卫：听说北京冬天很冷。

Piáo Yīngyù: Wǒ pà rè bú pà lěng.
朴英玉：我怕热不怕冷。

Lù Dàwèi: Nà nǐ de fángjiān xiàtiān méiyǒu kōngtiáo zěnme bàn?
陆大卫：那你的房间夏天没有空调怎么办？

Piáo Yīngyù: Wǒ tǎng zài yùgāng li fùxí gōngkè.
朴英玉：我躺在浴缸里复习功课。

Lù Dàwèi: Ò, nǐ zhēn kělián!
陆大卫：哦，你真可怜！

Lesson Twelve You are so pathetic!

Lu Dawei: I hear that Beijing's winter is very cold.
Piao Yingyu: I'm afraid of the heat, not the cold.
Lu Dawei: Then if your room does not have air conditioning in the summer, what will you do?
Piao Yingyu: I'll study lying in the bathtub.
Lu Dawei: You are so pathetic!

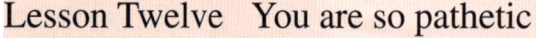

生词 New Words

1. 可怜	kělián	形 (adj.)	poor; pathetic
2. 听说	tīngshuō		it's said
3. 冬天	dōngtiān	名 (n.)	winter
4. 冷	lěng	形 (adj.)	cold
5. 怕	pà	动 (v.)	to be afraid
6. 夏天	xiàtiān	名 (n.)	summer
7. 空调	kōngtiáo	名 (n.)	air conditioning

8.	怎么办	zěnme bàn		What's to be done?
9.	躺	tǎng	动 (v.)	to lie down
10.	浴缸	yùgāng	名 (n.)	bathtub
11.	复习	fùxí	动 (v.)	to review
12.	功课	gōngkè	名 (n.)	homework

句型 *Pattern Drills*

 12.1 我怕……。

kǔ	sǐ	kǎoshì	lǎoshǔ
苦	死	考试	老鼠

 12.2 ……怎么办?

bú huì shuō Hànyǔ	qián bú gòu	xià yǔ	méiyǒu gōnggòng qìchē
不会说汉语	钱不够	下雨	没有公共汽车

12.3 你真……!

piàoliang	yōumò	yònggōng	tǎoyàn
漂亮	幽默	用功	讨厌

生词 New Words

1. 苦　　　　kǔ　　　　　　　形.名（adj./n.）　bitter; hardship
2. 死　　　　sǐ　　　　　　　动（v.）　　　　 to die
3. 考试　　　kǎoshì　　　　　动、名（v./n.）　to take an exam; test
4. 老鼠　　　lǎoshǔ　　　　　名（n.）　　　　mouse, rat
5. 够　　　　gòu　　　　　　 动（v.）　　　　to be enough
6. 下（雨）　xià(yǔ)　　　　 动（v.）　　　　to rain
7. 公共汽车　gōnggòng qìchē　　　　　　　　　bus
8. 漂亮　　　piàoliang　　　　形（adj.）　　　pretty; beautiful
9. 幽默　　　yōumò　　　　　 形（adj.）　　　humorous, funny
10. 用功　　　yònggōng　　　　　　　　　　　 to study hard
11. 讨厌　　　tǎoyàn　　　　　形、动（adj./v.）annoying; to hate

练习 Exercises

◇ 听读听写 Repetition and Dictation

◇ 1. 用慢速和中速跟读课文录音 (Follow the text tape and repeat at a slow and medium pace)。

◇ 2. 听录音，写句子 (Write down the sentences you hear)。

◇ 词汇语法 Vocabulary and Grammar

◇ 1. 找找谁这样，填上他的名字 (Find someone who...):

　　_____ 怕热　　_____ 怕老鼠　　_____ 怕蟑螂（zhāngláng；cockroach）
　　_____ 怕冷　　_____ 怕爸爸　　_____ 怕老婆（lǎopo；wife）
　　_____ 怕死　　_____ 怕总经理　_____ 怕地震（dìzhèn；earthquake）

◇ 2. 填空 (Fill in the blanks):

（1）_____ 是一个幽默的人。

（2）_____ 真漂亮！

活学活用　Learn and Use

◇ 回答问题 (Answer the questions)：

1. 你怕不怕热（冷）？
2. 你喜欢什么季节（jìjié　season）？
3. 说说你怕什么？

课堂游戏　Game

算算数（Arithmetic）

一个同学出一道简单的算术题，另一个同学在一定时间内回答，答对后再继续出题。依次类推。老师可事先教学生"加"、"减"、"乘"、"除"、"等于"等算术词语。

One student gives a simple arithmetic question, another student answers it within a given amount of time. After giving the correct answer, he/she gives a new question, and so on. The teacher can teach students some arithmetical items like plus, minus, times, divided by, equal to, etc beforehand.

翻译练习　Translation

翻译下面的句子(Translate the following sentences into Chinese)：

1. I hear that Beijing's summer is very hot.
2. If you don't have money to buy the book, what will you do?
3. You are so beautiful!

汉字书写　Write the Characters

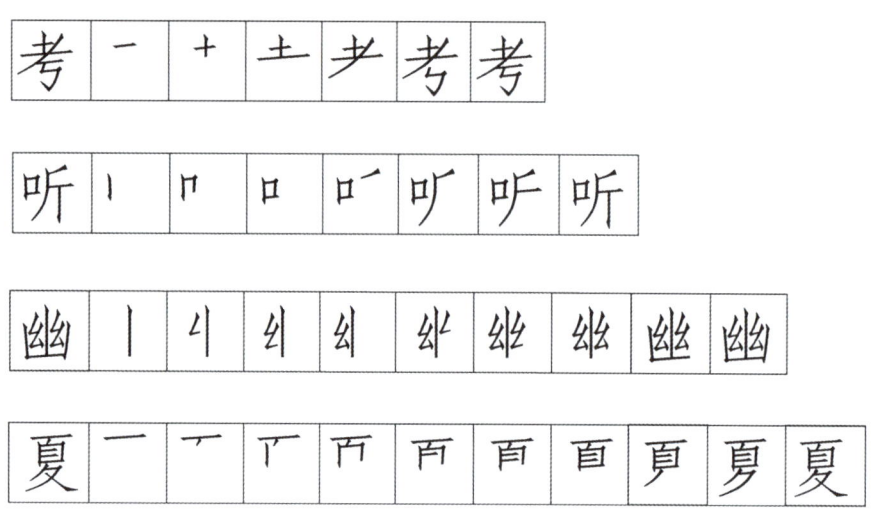

◇ **语音练习** *Pronunciation*

◇ 读下面的句子，注意 in 和 ing 的区别 (Read the following sentences and pay attention to the difference between in-ing):

　　Zhè shì yì shǒu míngē.
1. 这 是 一 首 民歌。 (This is a folk song.)

　　Zhè shì yì shǒu míng gē.
2. 这 是 一 首 名 歌。 (This is a famous song.)

第十三课　真拿你没办法
Dì-shísān kè　Zhēn ná nǐ méi bànfǎ

课文 Text

伍松 Wǔ Sōng: 明天有考试。
Míngtiān yǒu kǎoshì.

玛丽 Mǎlì: 我知道，可是我没有时间复习，真急人。
Wǒ zhīdào, kěshì wǒ méiyǒu shíjiān fùxí, zhēn jí rén.

伍松 Wǔ Sōng: 着急有什么用？赶快复习吧！
Zháojí yǒu shénme yòng? Gǎnkuài fùxí ba!

玛丽 Mǎlì: 哪儿有时间复习呀？我的男朋友约我去看杂技。
Nǎr yǒu shíjiān fùxí ya? Wǒ de nánpéngyou yuē wǒ qù kàn zájì.

伍松 Wǔ Sōng: 真拿你没办法！
Zhēn ná nǐ méi bànfǎ!

Lesson Thirteen　What are we going to do with you?

Wu Song:　We have an exam tomorrow.
Mali:　　　I know, but I don't have time to review. It makes me really anxious.
Wu Song:　What use is it to be anxious? Hurry up and study!
Mali:　　　How can I find time to study? My boyfriend asked me to go to see acrobats.
Wu Song:　What are we going to do with you?

生词 New Words

1.	拿	ná	介 (prep.)	with
2.	没	méi	动、副 (v./adv.)	to not have, not have done
3.	办法	bànfǎ	名 (n.)	method
4.	明天	míngtiān	名 (n.)	tomorrow
5.	可是	kěshì	连 (conj.)	but

6.	时间	shíjiān	名（n.）		time
7.	急人	jí rén			make somebody worried
8.	着急	zháo jí			worried
9.	有什么用	yǒu shénme yòng			no use
10.	赶快	gǎnkuài	副（adv.）		in a hurry
11.	哪儿有	nǎryǒu			how can there be......
12.	呀	ya	助		equal to "啊"
13.	约	yuē	动（v.）		to make an appointment
14.	看	kàn	动（v.）		to look; to see
15.	杂技	zájì	名（n.）		acrobats

句型 Pattern Drills

 13.1 我没有时间……。

kàn xiǎoshuō　　　tīng yīnyuè　　　shōushi fángjiān　　　xǐ yīfu
看小说　　　　　听音乐　　　　收拾房间　　　　洗衣服

 **13.2 ……有什么用？**

Bù jígé, nánguò yǒu shénme yòng?　　　Bù jiēshi, piàoliang yǒu shénme yòng?
不 及格，难过 有 什么 用？　　　　　不 结实，漂亮 有 什么 用？

Bù xuéxí, cōngmíng yǒu shénme yòng?　　Bù ānquán, kuài yǒu shénme yòng?
不学习，聪明有什么用？　　不安全，快有什么用？

 13.3 哪儿有时间……啊（呀、哪）？

xià qí	lǚxíng	liànxí shūfǎ	qù túshūguǎn
下棋	旅行	练习书法	去图书馆

生词 New Words

1.	小说	xiǎoshuō	名 (n.)	novel; short story
2.	听	tīng	动 (v.)	to listen
3.	音乐	yīnyuè	名 (n.)	music
4.	收拾	shōushi	动 (v.)	to arrange; to organize (things); to tidy up
5.	洗	xǐ	动 (v.)	to wash
6.	衣服	yīfu	名 (n.)	clothes
7.	及格	jí gé		to pass (the examination)
8.	难过	nánguò	形 (adj.)	sad
9.	结实	jiēshi	形 (adj.)	durable; strong and fit
10.	学习	xuéxí	动、名 (v./n.)	to study; study
11.	聪明	cōngming	形 (adj.)	smart; clever

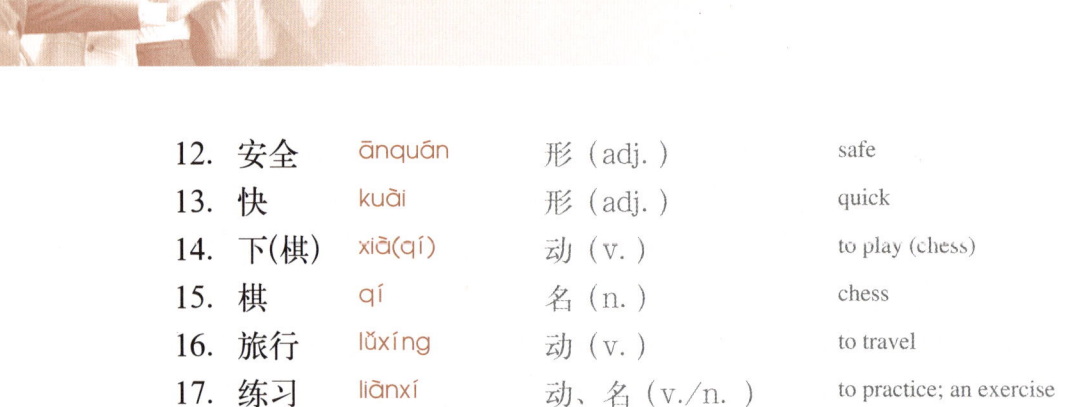

12.	安全	ānquán	形（adj.）	safe
13.	快	kuài	形（adj.）	quick
14.	下(棋)	xià(qí)	动（v.）	to play (chess)
15.	棋	qí	名（n.）	chess
16.	旅行	lǚxíng	动（v.）	to travel
17.	练习	liànxí	动、名（v./n.）	to practice; an exercise
18.	书法	shūfǎ	名（n.）	calligraphy
19.	图书馆	túshūguǎn	名（n.）	library
20.	哪	na	助	equal to "啊"

练 习　Exercises

◇ 听读听写　Repetition and Dictation

◇ 1. 用慢速和中速跟读课文录音 (Follow the text tape and repeat at a slow and medium pace)。

◇ 2. 听录音，写句子 (Write down the sentences you hear)。

◇ 词汇语法　Vocabulary and Grammar

◇ 完成下面的句子 (Complete the following sentences):

　　1._____，真急人！

　　2. 赶快_____吧。

　　3. 你_____，现在难过有什么用？

◇ 活学活用　Learn and Use

◇ 回答问题 (Answer the questions):

　　1. 你现在学习忙吗？

2. 你周末（zhōumò, weekend）有没有时间去旅行？
3. 周末你的朋友常常约你去哪儿？

翻译练习 Translation

翻译下面的句子(Translate the following sentences into Chinese)：
1. I don't have time to clean my room.
2. What use is it to be regretful?
3. My girlfriend asked me to go to see the acrobats.

◇ 汉字书写 Write the Characters

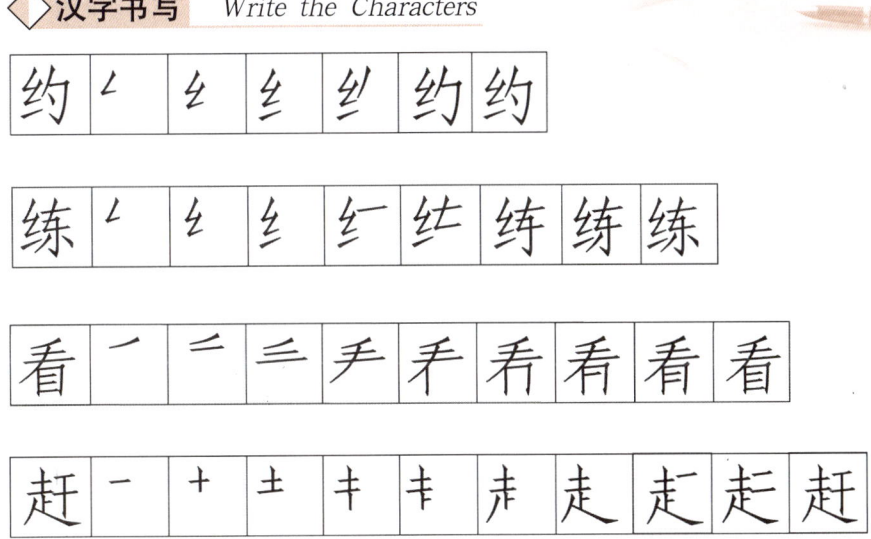

◇ 语音练习 Pronunciation

◇ 读下面的句子，注意 an 和 ang 的区别 (Read the following sentences and pay attention to the difference between an–ang)：

    Bú yào dānxīn
1. 不要担心。(Don't worry.)

    Yào dāngxīn!
2. 要当心！(Be careful.)

Dì-shísì kè　　Zài yào bàn tiáo yú ba
第十四课　再要半条鱼吧

课文　Text

Fúwùyuán:　Nín lái diǎnr shénme?
服务员：　您来点儿什么？

Cuī Chéngzhé:　Lái yì zhī Běijīng kǎoyā.
崔成哲：　来一只北京烤鸭。

Fúwùyuán:　Nín yí ge rén chī kěyǐ yào bàn zhī.
服务员：　您一个人吃可以要半只。

Cuī Chéngzhé:　Hǎo, nà jiù yào bàn zhī.
崔成哲：　好，那就要半只。

Fúwùyuán:　Nín hái yào diǎnr shénme?
服务员：　您还要点儿什么？

Cuī Chéngzhé:　Zài yào bàn tiáo yú ba.
崔成哲：　再要半条鱼吧。

Fúwùyuán:　Bàn tiáo yú?
服务员：　半条鱼？

Lesson Fourteen　I also want half a fish.

Waiter:　　　What will you have?
Cui Chengzhe:　A Beijing duck (please).
Waiter:　　　For yourself you can order a half.
Cui Chengzhe:　OK, half then.
Waiter:　　　What else would you like?
Cui Chengzhe:　I also want half a fish.
Waiter:　　　Half a fish?

生词 New Words

1. 再　　zài　　　副 (adv.)　　again
2. 条　　tiáo　　　量 (m.)　　for anything long and narrow and certain insects or plants
3. 鱼　　yú　　　名 (n.)　　fish.

4.	来	lái	动（v.）	to bring (when ask other people to bring something)
5.	北京烤鸭	Běijīng kǎoyā		Beijing Roast Duck
6.	可以	kěyǐ	助动（aux.）	can; may
7.	好	hǎo	形（adj.）	all right; OK
8.	就	jiù	副（adv.）	just

句型 *Pattern Drills*

 14.1 您……点儿什么？

chī
吃

hē
喝

mǎi
买

14.2 来……

yíge yúxiāngròusī
一个鱼香肉丝

yí ge suānlàtāng
一个酸辣汤

yì wǎn mǐfàn
一碗米饭

yì píng pí jiǔ
一瓶 啤酒

yí ge mántou / yì wǎn miàntiáo / yì tīng kělè / yì píng kuàngquánshuǐ
一个馒头 / 一碗面条 / 一听可乐 / 一瓶矿泉水

14.3 再要……

yí ge mápódòufu
一个麻婆豆腐
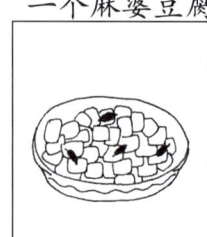

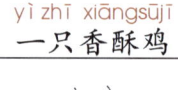
yì zhī xiāngsūjī
一只香酥鸡

yì pán zhá mántou
一盘 炸 馒头

èr liǎng jiǎozi
二两 饺子

yì pán chǎofàn / èr liǎng shāomài / sān ge bāozi / yì wǎn húntun
一盘炒饭 / 二两烧卖 / 三个包子 / 一碗馄饨

生词 New Words

1. 鱼香肉丝　yúxiāngròusī　　　　　　　　sweet and spicy shredded pork
2. 酸辣汤　　suānlàtāng　　　　　　　　　hot and sour soup
3. 碗　　　　wǎn　　　　量、名 (m./n.)　　a bowl; bowl
4. 瓶　　　　píng　　　　量 (m.)　　　　　a bottle
5. 听　　　　tīng　　　　量 (m.)　　　　　a tin
6. 麻婆豆腐　mápódòufu　　　　　　　　　 beancurd with chili peppers and minced meat
7. 香酥鸡　　xiāngsūjī　　　　　　　　　　chrispy chicken
8. 盘　　　　pán　　　　 量 (m.)　　　　　a plate
9. 炸　　　　zhá　　　　 动 (v.)　　　　　to deep fry
10. 两　　　 liǎng　　　 量 (m.)　　　　　0.1 jin

 练习 Exercises

◇ 听读听写　Repetition and Dictation

◇1. 用慢速和中速跟读课文录音 (Follow the text tape and repeat at a slow and medium pace)。

◇2. 听录音，写句子 (Write down the sentences you hear)。

◇ **词汇语法**　*Vocabulary and Grammar*

◇根据菜单列出你选择的晚餐 (Choose your dinner according to the menu):

热菜	汤	主食	饮料
鱼香肉丝	酸辣汤	米饭	啤酒
麻婆豆腐	……	炸馒头	可口可乐
香酥鸡		饺子	矿泉水
北京烤鸭		面条	……
……		炒饭	
		烧卖	
		包子	
		馄饨	
		……	

热菜: _____　　汤: _____
主食: _____　　饮料: _____

◇ **活学活用**　*Learn and Use*

◇1. 回答问题 (Answer the questions):

（1）你经常（jīngcháng; often）去餐馆吗？喜欢吃什么菜（cài; dish）？
（2）你喜欢吃北京烤鸭吗？北京烤鸭怎么吃？
（3）说出你知道的中国菜的名字。

◇ 2. 模仿课文分组表演对话 (Present in your group, your own dialogue, using the text dialogue as an example).

翻译练习 Translation

翻译下面的句子 (Translate the following sentences into Chinese):
1. What will you have?
2. I want a bottle of beer.
3. For yourself you can order a half.

◇ 汉字书写 Write the Characters

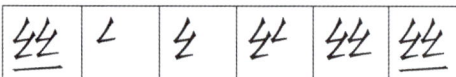

◇ 语音练习 Pronunciation

◇ 读下面的句子，注意 en 和 eng 的区别 (Read the following sentence and pay attention to the difference between en-eng):

Chén lǎoshī jiāo wǒmen kǒuyǔ, Chéng lǎoshī jiāo wǒmen tīnglì.
陈 老师 教 我们 口语，程 老师 教 我们 听力。
(Teacher Chen teaches us speaking. Teacher Cheng teaches us listening.)

第十五课 她说我太胖了
Dì-shíwǔ kè   Tā shuō wǒ tài pàng le

课文 Text

Mǎ Āndí: Xiǎojie, qǐng gěi wǒ yì bēi chá.
马安迪：小姐，请给我一杯茶。

Fúwùyuán: Nín yào shénme chá? Mòlì huāchá háishi lǜchá?
服务员：您要什么茶？茉莉花茶还是绿茶？

Mǎ Āndí: Wǒ yào hóngchá.
马安迪：我要红茶。

Fúwùyuán: Yào fàng táng ma?
服务员：要放糖吗？

Mǎ Āndí: Yīshēng bú ràng wǒ chī táng.
马安迪：医生不让我吃糖。

Fúwùyuán: Wèi shénme?
服务员：为什么？

Mǎ Āndí: Tā shuō wǒ tài pàng le.
马安迪：她说我太胖了。

Lesson Fifteen   She said that I'm too fat.

Ma Andi: Waitress, one cup of tea please!
Waitress: What tea do you want? Jasmine tea or green tea?
Ma Andi: I want black tea.
Waitress: Do you want sugar?
Ma Andi: My doctor doesn't let me eat sugar.
Waitress: Why?
Ma Andi: She said that I'm too fat.

生词 New Words

1. 太……了   tài......le   too (much)
2. 胖   pàng   形 (adj.)   fat
3. 给   gěi   动 (v.)   to give

4.	杯	bēi	量（m.）	a cup
5.	茉莉花茶	mòlì huāchá		jasmine tea
6.	还是	háishi	连（conj.）	or
7.	绿茶	lǜchá		green tea
8.	红茶	hóngchá		black tea
9.	放	fàng	动（v.）	to put
10.	糖	táng	名（n.）	sugar
11.	医生	yīshēng	名（n.）	doctor
12.	让	ràng	动（v.）	to let; to make
13.	为什么	wèi shénme		why

句型 Pattern Drills

 15.1 请给我……。

yì bēi kāfēi
一杯 咖啡

yì píng pútáojiǔ
一瓶 葡萄酒
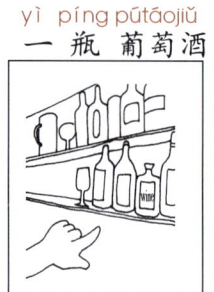

yì tīng xuěbì
一听 雪碧

jǐ zhāng cānjīnzhǐ
几张 餐巾纸
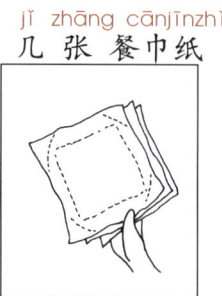

 15.2 您要什么……？

shuǐguǒ
水果

yǐnliào
饮料

tāng
汤

zhǔshí
主食

○ 15.3 ……还是……?

^{píjiǔ　háishi　pútaojiǔ?}
啤酒 还是 葡萄酒?

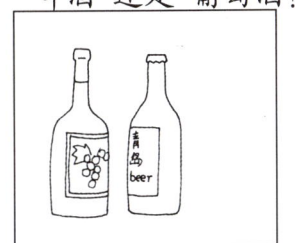

^{mǐfàn　háishi　mántou?}
米饭 还是 馒头?

^{zhèjiàn　háishi　nàjiàn?}
这件 还是 那件?

○ 15.4 太……了

měi
美

nán
难

zǎo
早

gāoxìng
高兴

○　shòu　／　guì　／　lěng　／　piàoliang
　　瘦　／　贵　／　冷　／　漂亮

生词 New Words

1.	葡萄酒	pútaojiǔ	名（n.）	wine
2.	雪碧	xuěbì	名（n.）	sprite
3.	餐巾纸	cānjīnzhǐ	名（n.）	paper napkins, tissue
4.	水果	shuǐguǒ	名（n.）	fruit
5.	饮料	yǐnliào	名（n.）	non-alcoholic beverage
6.	汤	tāng	名（n.）	soup
7.	主食	zhǔshí	名（n.）	carbohydrate, starchy food
8.	件	jiàn	量（m.）	item, article: for clothes, funiture, affairs, etc.

77

9.	那	nà	代（pron.）	that
10.	美	měi	形（adj.）	beautiful
11.	难	nán	形（adj.）	difficult
12.	早	zǎo	形（adj.）	early
13.	高兴	gāoxìng	形（adj.）	happy, glad

练 习　Exercises

听读听写　*Repetition and Dictation*

◇1. 用慢速和中速跟读课文录音 (Follow the text tape and repeat at a slow and medium pace)。

◇2. 听录音，写句子 (Write down the sentences you hear)。

词汇语法　*Vocabulary and Grammar*

◇1. 填空回答问题 (Fill in the blanks to answer the questions):

(1) A：你喝可乐还是雪碧？
　　B：_____。

(2) A：你吃馒头还是米饭？
　　B：_____。

(3) A：你要苹果还是香蕉？
　　B：_____。

(4) A：你买《人民日报》还是《北京晚报》？
　　B：_____。

(5) A：你去图书馆还是回家？
　　B：_____。

◇2. 下面的词语，哪些是吃的东西，哪些是喝的东西，哪些不能吃也不能喝

(Among the following words, what are for eating? What are for drinking? What are not for eating and drinking?):

雪碧　　烧卖　　冰激凌　　咖啡　　橡皮　　矿泉水
小说　　茶几　　餐巾纸　　包子　　草莓　　葡萄酒
沙发　　冰箱　　西瓜　　　可乐　　馄饨　　茉莉花茶

吃的东西：　　―― ―― ―― ―― ―― ――
喝的东西：　　―― ―― ―― ―― ―― ――
不能吃也不能喝：―― ―― ―― ―― ―― ――

◇ **活学活用**　*Learn and Use*

◇ 回答问题 (Answer the questions)：
1. 你喜欢喝酒吗？喝什么酒？
2. 你每天（měitiān; everyday）喝茶吗？喜欢喝什么茶？

翻 译 练 习　*Translation*

翻译下面的名词(Translate the following nouns into Chinese)：

a Filipino	wallet	sneaker	cassette tape
eraser	coffee table	washing machine	police
noodles	Fuji film	telephone card	zoo
library	computer	fast food	colleague
grape	bathtub	novel	overcoat

◇ **汉字书写**　*Write the Characters*

已	ㄱ	ㄷ	已				
为	丶	ノ	为	为			
花	一	十	艹	艹	艹	花	花
纸	ノ	ㄠ	丝	纟	红	纤	纸

◇ **语音练习** *Pronunciation*

◇ 读下面的绕口令 (Read the tongue-twister):

Māma qí mǎ, mǎ màn, māma mà mǎ; niūniu qiān niú, niú nìng, niūniu níng niú.
妈妈骑马，马慢，妈妈骂马；妞妞牵牛，牛拧，妞妞拧牛。

第十六课 这是最肥的
Dì-shíliù kè Zhè shì zuì féi de

课文 Text

售货员 Shòuhuòyuán: 您要什么鞋?
Nín yào shénme xié?

陆大卫 Lù Dàwèi: 我想买一双布鞋。
Wǒ xiǎng mǎi yì shuāng bùxié.

售货员 Shòuhuòyuán: 您穿多大号的?
Nín chuān duō dà hào de?

陆大卫 Lù Dàwèi: 我穿27号的。
Wǒ chuān èrshíqī hào de.

售货员 Shòuhuòyuán: 您看这双怎么样?
Nín kàn zhè shuāng zěnmeyàng?

陆大卫 Lù Dàwèi: 这双有点儿瘦,有肥一点儿的吗?
Zhè shuāng yǒudiǎnr shòu, yǒu féi yìdiǎnr de ma?

售货员 Shòuhuòyuán: 对不起,这是最肥的。
Duìbuqǐ, zhè shì zuì féi de.

Lesson Sixteen   This is the largest one.

Salesperson: What kind of shoes do you want?
Lu Dawei: I want to buy a pair of cloth shoes.
Salesperson: What size do you wear?
Lu Dawei: I wear size 27.
Salesperson: What do you think of this pair?
Lu Dawei: This pair is a little tight. Do you have a larger pair?
Salesperson: I'm sorry. This is the largest one.

生词 New Words

1. 最 zuì 副 (adv.) most
2. 肥 féi 形 (adj.) fat; loose
3. 鞋 xié 名 (n.) shoe
4. 双 shuāng 量 (m.) pair
5. 布鞋 bùxié 名 (n.) cloth shoe
6. 穿 chuān 动 (v.) to wear; to put on
7. 多 duō 副 (adv.) how
8. 大 dà 形 (adj.) big
9. 号 hào 量 (m.) size
10. 看 kàn 动 (v.) to think (about a certain matter)
11. 有点儿 yǒudiǎnr a little bit

句型 Pattern Drills

 16.1 我想买……。

| yí jiàn dàyī | yì tiáo kùzi | yì dǐng màozi | yí fù shǒutào |
| 一件大衣 | 一条裤子 | 一顶帽子 | 一副手套 |

   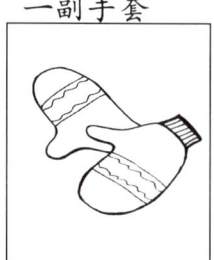

 16.2 我穿……的。

| èrshíliù hào bàn | dà hào | zhōng hào | xiǎo hào |
| 26号半 | 大号 | 中号 | 小号 |

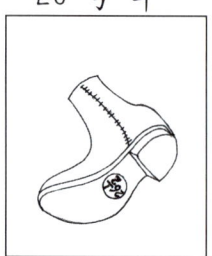 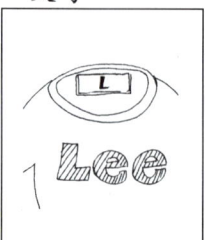  

○ 16.3 有点儿……

cháng	duǎn	jǐnzhāng	bùhǎoyìsi
长	短	紧张	不好意思

○

dà	xiǎo	guì	lèi	qíguài	zháojí
大 /	小 /	贵 /	累 /	奇怪 /	着急

生词 New Words

1.	裤子	kùzi	名（n.）	trousers; pants
2.	顶	dǐng	量（m.）	for things that have a cap, a cover, etc.
3.	副	fù	量（m.）	pair; set
4.	手套	shǒutào	名（n.）	glove
5.	大号	dà hào		large
6.	中号	zhōng hào		medium
7.	小号	xiǎo hào		small
8.	长	cháng	形（adj.）	long
9.	短	duǎn	形（adj.）	short
10.	紧张	jǐnzhāng	形（adj.）	nervous
11.	不好意思	bùhǎoyìsi		embarrassed

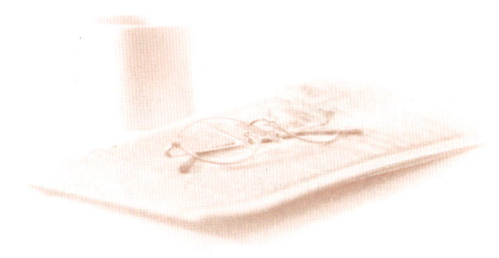

练习 Exercises

◇ **听读听写** Repetition and Dictation

◇ 1. 用慢速和中速跟读课文录音 (Follow the text tape and repeat at a slow and medium pace)。

◇ 2. 听录音，写句子 (Write down the sentences you hear)。

◇ **词汇语法** Vocabulary and Grammar

◇ 按要求画图 (Draw pictures according to the descriptions):

穿长大衣的姐姐	穿西服的爸爸	戴(dài; wear)帽子的弟弟

◇ **活学活用** Learn and Use

◇ 1. 回答问题 (Answer the questions):

（1）你平时(píngshí; ordinarily)穿什么鞋？

（2）你穿多大的鞋？

（3）你喜欢穿肥一点的衣服还是瘦一点的衣服？

◇ 2. 模仿课文分组表演"买鞋"(Perform in your group, "Buying shoes", using the text as an example)。

课堂游戏 *Game*

是什么动物（What animal is it）？

老师在黑板上写出 10-20 个动物的名字。学生 A 背对黑板，学生 B 到黑板前指一个动物的名字。学生 A 开始问问题，如：是大的吗？是有毛的吗？直到猜出 B 所指的动物的名字。其他学生只能回答"是"或"不是"。老师可以先教学生一些动物名称和有关动物的词汇。

The teacher writes 10-20 animals' names on the blackboard. Student A stands facing away from the blackboard. Student B points an animal's name. Student A begins to ask questions, e.g. Is it big? Is it hairy? He/she continues to ask questions until correctly guessing the animal. Students can only answer questions with "yes" or "no". The teacher can teach the students some animals' names and words about animals.

翻译下面的句子(Translate the following sentences into Chinese):
1. What kind of trousers do you want?
2. I wear a size large.
3. I'm a little nervous.

汉字书写 *Write the Characters*

布	一	ナ	ナ	右	布		
号	丨	冂	口	므	号		
肥	丿	刀	月	月	肝	肛	肥
穿	丶	丷	宀	宁	穴	空	空	穿	穿

◇ 语音练习 *Pronunciation*

◇ 读下面的句子，注意声调的区别 (Read the following sentences and pay attention to the different tones):

    Nín yào tāng ma?
1. 您 要 汤 吗？(Do you want soup?)

    Nín yào táng ma?
2. 您 要 糖 吗？(Do you want sugar?)

第十七课 祝你生日快乐
Dì-shíqī kè Zhù nǐ shēngrì kuàilè

课文 Text

方梦丹: 现在几点?
Fāng Mēngdān: Xiànzài jǐdiǎn?

朴英玉: 八点五分。
Piáo Yīngyù: Bā diǎn wǔ fēn.

方梦丹: 糟糕!上课又迟到了。
Fāng Mēngdān: Zāogāo! Shàng kè yòu chídào le.

朴英玉: 你糊涂啦?今天是星期日。
Piáo Yīngyù: Nǐ hútu la? Jīntiān shì xīngqīrì.

方梦丹: 今天几号?
Fāng Mēngdān: Jīntiān jǐ hào?

朴英玉: 今天是9月28号。
Piáo Yīngyù: Jīntiān shì jiǔ yuè èrshíbā hào.

方梦丹: 哦!今天是我的生日。
Fāng Mēngdān: Ò! Jīntiān shì wǒ de shēngrì.

朴英玉: 是吗?祝你生日快乐!
Piáo Yīngyù: Shì ma? Zhù nǐ shēngrì kuàilè!

Lesson Seventeen   Happy birthday to you!

Fang Mengdan: What time is it now?
Piao Yingyu: Five past eight.
Fang Mengdan: Darn it! I'm late again for class.
Piao Yingyu: You're mixed up! Today is Sunday!
Fang Mengdan: What's the date today?
Piao Yingyu: Today is September 28.
Fang Mengdan: Oh! Today is my birthday.
Piao Yingyu: Is it? Happy birthday to you!

生词 New Words

1.	祝	zhù	动 (v.)	to congratulate; to bless
2.	生日	shēngrì	名 (n.)	birthday
3.	快乐	kuàilè	形 (adj.)	happy
4.	点	diǎn	量 (m.)	o'clock
5.	分	fēn	量 (m.)	minute
6.	糟糕	zāogāo	形 (adj.)	too bad
7.	上课	shàng kè		to go to class
8.	又	yòu	副 (adv.)	again
9.	迟到	chídào		to be late
10.	糊涂	hútu	形 (adj.)	muddleheaded; confused
11.	今天	jīntiān	名 (n.)	today
12.	星期日	xīngqīrì	名 (n.)	Sunday
13.	号	hào	名 (n.)	date
14.	月	yuè	名 (n.)	month

句型 Pattern Drills

 17.1 现在……。

shí'èr diǎn shí fēn　　　liù diǎn yí kè　　　liǎng diǎn bàn
十二点十分　　　　　　六点一刻　　　　　两点半

  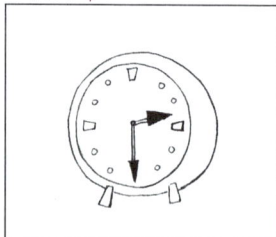

jiǔ diǎn zhěng	chà wǔ fēn sì diǎn	qīdiǎn sān kè
九点整	差五分四点	七点三刻

● 17.2 今天（是）……。

yī yuè yī hào, xīngqīyī	sān yuè bā hào, xīngqī'èr	wǔ yuè sì hào, xīngqīsān
一月一号、星期一	三月八号、星期二	五月四号、星期三

èr yuè èrshíjiǔ hào, xīngqīsì	bā yuè shíwǔ hào xīngqīwǔ	shí'èr yuè sānshíyī hào xīngqīliù
二月二十九号、星期四	八月十五号、星期五	十二月三十一号、星期六

● 17.3 祝你……！

xuéxí jìnbù	shēntǐ jiànkāng	gōngzuò shùnlì	xīnnián kuàilè
学习进步	身体健康	工作顺利	新年快乐

生词 New Words

1.	刻	kè	量 (m.)	a quarter hour
2.	整	zhěng	形 (adj.)	sharp (punctual)
3.	差	chà	动 (v.)	to be short of
4.	星期一	xīngqīyī	名 (n.)	Monday
5.	星期二	xīngqī'èr	名 (n.)	Tuesday
6.	星期三	xīngqīsān	名 (n.)	Wednesday
7.	星期四	xīngqīsì	名 (n.)	Thursday
8.	星期五	xīngqīwǔ	名 (n.)	Friday
9.	星期六	xīngqīliù	名 (n.)	Saturday
10.	进步	jìnbù	动 (v.)	to make progress
11.	身体	shēntǐ	名 (n.)	body
12.	健康	jiànkāng	形 (adj.)	healthy
13.	工作	gōngzuò	名 (n.)	work
14.	顺利	shùnlì	形 (adj.)	smooth; successful
15.	新年	xīnnián	名 (n.)	New Year

练习 Exercises

听读听写 Repetition and Dictation

◇1. 用慢速和中速跟读课文录音 (Follow the text tape and repeat at a slow and medium pace)。

◇2. 听录音，写句子 (Write down the sentences you hear)。

词汇语法 Vocabulary and Grammar

◇ 填上时间完成"今天的计划" (Fill in time to complete "Today's Plan"):

1. ＿＿＿＿＿＿＿ 上课

2.＿＿＿＿＿＿＿ 去图书馆
3.＿＿＿＿＿＿＿ 汉语辅导
4.＿＿＿＿＿＿＿ 去商店买东西
5.＿＿＿＿＿＿＿ 教英语

◆ 活学活用　*Learn and Use*

◇1.回答问题（Answer the questions）：
　　（1）你的生日是几月几号星期几？
　　（2）你的汉语班几点上课？几点下课？
　　（3）你星期几有口语课？

2.说说你这个星期的安排(Talk about your plan in this week.)。

 *Translation*

翻译下面的短文(Translate the following paragraph into Chinese)：

Fang Mengdan is a Spanish girl. She lives in the foreign student's dormitory. She likes to eat Beijing duck. She goes to a Chinese restaurant every Saturday. She studies very hard, so her spoken Chinese is very good and she can read The People's Daily.

◆ 汉字书写　*Write the Characters*

◆ **语音练习** *Pronunciation*

◇ 读下面的句子，注意声调的区别 (Read the following sentences and pay attention to the different tones):

   Nǐ xiǎng mǎi zhè běn shū ma?
1. 你 想 买 这 本 书 吗？(Do you want to buy this book?)

   Nǐ xiǎng mài zhè běn shū ma?
2. 你 想 卖 这 本 书 吗？(Do you want to sell this book?)

第十八课 Dì-shíbā kè 你们不想来尝尝吗？ Nǐmen bù xiǎng lái chángchang ma?

课文 Text

方梦丹 Fāng Mèngdān：我每天早上七点半起床，八点去上课，
Wǒ měi tiān zǎoshang qī diǎn bàn qǐ chuáng, bā diǎn qù shàng kè,

上午有四节课。十二点下课。下午我常
shàngwǔ yǒu sì jié kè. Shí'èr diǎn xià kè. Xiàwǔ wǒ cháng-

常去逛商店或者跟朋友一起打网球。
cháng qù guàng shāngdiàn huòzhě gēn péngyou yìqǐ dǎ wǎngqiú.

晚上，我自己做饭。大家都说我做的饭
Wǎnshang, wǒ zìjǐ zuò fàn. Dàjiā dōu shuō wǒ zuò de fàn

好吃，你们不想来尝尝吗？
hǎochī. Nǐmen bù xiǎng lái chángchang ma?

Lesson Eighteen   Don't you want to come and try?

Fang Mengdan: I get up at half past seven every morning and go to class at 8 o'clock. I have four lessons every morning. Class is over at 12 o'clock. In the afternoon I often go shopping or play tennis with my friends. In the evening I cook by myself. Everyone says that my cooking is good. Don't you want to come and try?

生词 New Words

1.	尝	cháng	动 (v.)	to taste
2.	每天	měi tiān		every day
3.	早上	zǎoshang	名 (n.)	(early) morning

4.	起床	qǐ chuáng		to get up
5.	上午	shàngwǔ	名 (n.)	morning
6.	节	jié	量 (m.)	period
7.	课	kè	名 (n.)	lesson; class
8.	下午	xiàwǔ	名 (n.)	afternoon
9.	常常	chángcháng	副 (adv.)	often
10.	逛	guàng	动 (v.)	to stroll
11.	或者	huòzhě	连 (conj.)	or
12.	跟……一起	gēn......yìqǐ		with...(together)
13.	打	dǎ	动 (v.)	to play (with hands)
14.	网球	wǎngqiú	名 (n.)	tennis
15.	自己	zìjǐ	代 (pron.)	self
16.	做	zuò	动 (v.)	to do
17.	饭	fàn	名 (n.)	meal; food
18.	大家	dàjiā	代 (pron.)	everybody
19.	好吃	hǎochī	形 (adj.)	delicious

句型 Pattern Drills

 18.1 我每天……。

　　　qǐ chuǎng　　　　　chī wǔfàn　　　　　xiě zuòyè　　　　　shuì jiào
( ) 点 起床　　　( ) 点 吃 午饭　　　( ) 点 写 作业　　　( ) 点 睡觉

18.2 我常常去……。

yōu yǒng	dǎ bǎolíngqiú	xué tàijíquán	tī zúqiú
游泳	打保龄球	学太极拳	踢足球

18.3 跟……一起……

gēn māma yìqǐ mǎi dōngxi
跟 妈妈 一起 买 东西

gēn tóngxué yìqǐ kàn diànyǐng
跟 同学 一起 看 电影

gēn nǚpéngyou yìqǐ guàng gōngyuán
跟 女 朋友 一起 逛 公园

gēn línjū yìqǐ dǎ májiàng
跟 邻居 一起 打 麻将

生词 New Words

1.	午饭	wǔfàn	名 (n.)	lunch
2.	写	xiě	动 (v.)	to write
3.	作业	zuòyè	名 (n.)	homework
4.	睡觉	shuì jiào		to sleep

5.	游泳	yóu yǒng		to swim
6.	保龄球	bǎolíngqiú	名 (n.)	bowling
7.	学	xué	动 (v.)	to learn
8.	太极拳	tàijíquán	名 (n.)	Taiji
9.	踢	tī	动 (v.)	to play (with feet); kick
10.	足球	zúqiú	名 (n.)	football
11.	东西	dōngxi	名 (n.)	thing
12.	电影	diànyǐng	名 (n.)	movie
13.	女朋友	nǚpéngyou		girlfriend
14.	邻居	línjū	名 (n.)	neighbor
15.	麻将	májiàng	名 (n.)	Mahjong

练习 Exercises

听读听写 Repetition and Dictation

◇1. 用慢速和中速跟读课文录音 (Follow the text tape and repeat at a slow and medium pace)。

◇2. 听录音，写句子 (Write down the sentences you hear)。

词汇语法 Vocabulary and Grammar

◇用"动词＋宾语"填写：一周计划 (Use "verb+object" to complete the plan of a week):

	星期日	星期一	星期二	星期三	星期四	星期五	星期六
早上							
下午							
晚上							

◇ **活学活用** *Learn and Use*

◇ 写短文：我的一天 (Composition: My Day)。

翻译练习 *Translation*

翻译下面的句子 (Translate the following sentences into Chinese):
1. I go to bed at midnight everyday.
2. I often go swimming with my friends on Sunday.
3. Will you play Mahjong with us or go to movie with your girlfriend?

◇ **汉字书写** *Write the Characters*

| 女 | く | 夊 | 女 |

| 节 | 一 | 十 | 艹 | 书 | 节 |

| 网 |丨 | 冂 | 冂 | 冈 | 网 | 网 |

| 或 | 一 | 厂 | 厂 | 百 | 百 | 或 | 或 | 或 |

◇ **语音练习** *Pronunciation*

◇ 读下面的句子，注意声调的区别 (Read the following sentences and pay attention to the different tones):

1. 我 现在 学习 汉语。 (I'm studying Chinese now.)

2. 我 现在 学习 韩语。 (I'm studying Korean now.)

Dì-shíjiǔ kè Wǒ zuì tǎoyàn kǎoshì
第十九课 我最讨厌考试

课文 Text

Xiǎo Míng: Māma, kuài dǎkāi diànshì, wǒ yào kàn
小明： 妈妈，快 打开 电视，我 要 看
　　　　 míngtiān de tiānqì yùbào.
　　　　 明天 的 天气 预报。

Māma:　 Míngtiān (shì) qíngtiān.
妈妈：　 明天（是）晴天。

Xiǎo Míng: Tài hǎo le! Míngtiān wǒ hé tóngxué qù pá shān.
小明： 太好了！明天 我 和 同学 去 爬 山。

Māma:　 Nǐ hòutiān yǒu shùxué hé lìshǐ kǎoshì.
妈妈：　 你 后天 有 数学 和 历史 考试。

Xiǎo Míng: Yòu shì kǎoshì! Wǒ zuì tǎoyàn kǎoshì!
小明： 又 是 考试！我 最 讨厌 考试！

Lesson Nineteen   I hate exams most.

Xiao Ming: Mom, quick, turn on the TV. I want to see tomorrow's weather forecast.
Mother: Tomorrow is a sunny day.
Xiao Ming: Wonderful. Tomorrow I'll go hiking with my classmates.
Mother: You have math and history exams the day after tomorrow.
Xiao Ming: Exams again! I hate exams most.

生词 New Words

1. 打开　　dǎkāi　　　　　　　　　　　　　　　　to turn on
2. 要　　　yào　　　　助动（aux.）　　　　　　must; should
3. 天气　　tiānqì　　　名（n.）　　　　　　　　weather
4. 预报　　yùbào　　　名（n.）　　　　　　　　forecast
5. 晴天　　qíngtiān　　名（n.）　　　　　　　　sunny day
6. 和　　　hé　　　　　连、介（conj./prep.）　and; with

7.	爬	pá	动 (v.)	to climb
8.	山	shān	名 (n.)	mountain
9.	后天	hòutiān	名 (n.)	the day after tomorrow
10.	数学	shùxué	名 (n.)	math
11.	历史	lìshǐ	名 (n.)	history

句型 *Pattern Drills*

 19.1 明天……。

(shì) yīntiān	yǒu yǔ	xià xiǎoxuě	guā dà fēng
（是）阴天	有雨	下小雪	刮大风

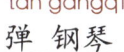 19.2 我要……。

chuī dízi	tán gāngqín	lā xiǎotíqín	chàng jīngjù
吹笛子	弹钢琴	拉小提琴	唱京剧

 19.3 我最讨厌……。

xià yǔ	jǐ gōnggòng qìchē	guàng shāngdiàn	xīngqīyī
下雨	挤公共汽车	逛商店	星期一

   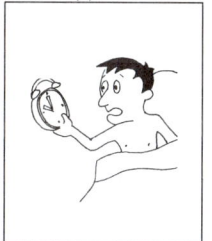

生词 New Words

1.	阴天	yīntiān	名 (n.)	cloudy day; gloomy day
2.	雪	xuě	名 (n.)	snow
3.	刮	guā	动 (v.)	to blow
4.	风	fēng	名 (n.)	wind
5.	吹	chuī	动 (v.)	to blow, play (wind instruments)
6.	笛子	dízi	名 (n.)	flute
7.	弹	tán	动 (v.)	to play (musical instruments, e.g. piano, guitar.)
8.	钢琴	gāngqín	名 (n.)	piano
9.	拉	lā		to play (an instrument with a bow, eg. violin, cello.)
10.	小提琴	xiǎotíqín	名 (n.)	violin
11.	唱	chàng	动 (v.)	to sing
12.	京剧	jīngjù	名 (n.)	Beijing opera
13.	挤	jǐ	动 (v.)	to crowd

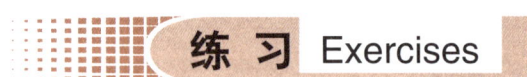

练习 Exercises

听读听写 Repetition and Dictation

◇1.用慢速和中速跟读课文录音 (Follow the text tape and repeat at a slow and medium pace)。

◇2.听录音，写句子 (Write down the sentences you hear)。

词汇语法 Vocabulary and Grammar

◇列出你喜欢和讨厌的事 (List things you like or dislike):

我喜欢 _____ _____ _____ _____ _____

我讨厌＿＿＿＿　＿＿＿＿　＿＿＿＿　＿＿＿＿　＿＿＿＿

活学活用　Learn and Use

◇ 1. 回答问题 (Answer the questions):
　　（1）今天天气怎么样？
　　（2）你每天看天气预报吗？明天天气怎么样？
　　（3）你喜欢什么乐器（yuèqì; musical instrument)？
◇ 2. 听广播或看电视，模仿播报当天的天气预报 (Listen to the radio or watch TV and imitate to forecast today's weather)。

翻译练习　Translation

翻译下面的句子 (Translate the following sentences into Chinese):
1. It will be windy the day after tomorrow. We can't go hiking.
2. Chinese history is too difficult. There are so many things to study.
3. I hate rainy day most.

汉字书写　Write the Characters

| 气 | 丿 | 宀 | 仨 | 气 |

| 史 | 丨 | 口 | 口 | virtual | 史 |

| 爬 | ´ | 厂 | 爪 | 爪 | 爬 | 爬 | 爬 |

| 剧 | 一 | 二 | 尸 | 尸 | 尼 | 居 | 居 | 居 | 剧 |

◇ 语音练习　*Pronunciation*

◇ 读下面的句子，注意声调的区别 (Read the following sentences and pay attention to the different tones):

1. Wǒ xiǎng wèn nǐ.
   我 想 问 你。(I want to ask you.)

2. Wǒ xiǎng wěn nǐ.
   我 想 吻 你。(I want to kiss you.)

Dì-èrshí kè Zhè hái jìn na?
第二十课 这还近哪？

课文 Text

Luóxī: 罗西：　Qǐngwèn, qù shūdiàn zěnme zǒu?
请问，去书店怎么走？

Guòlùrén: 过路人：Wǎng qián zǒu, dào dìsān ge shízìlùkǒu wǎng yòu guǎi.
往前走，到第三个十字路口往右拐。

Luóxī: 罗西：　Yuǎn ma?
远吗？

Guòlùrén: 过路人：hěn jìn, dàgài zǒu èrshí fēnzhōng.
很近，大概走20分钟。

Luóxī: 罗西：　èrshí fēnzhōng? Zhè hái jìn na?
20分钟？这还近哪？

Lesson Twenty That's close?

Luo xi:　　Would you please tell me how to get to the bookstore ?
Passerby:　Go straight and at the third intersection, turn right.
Luo xi:　　Is it far?
Passerby:　It's near, about 20 minutes by foot.
Luo xi:　　20 minutes? (You think) that's close?

生词 New Words

1.	还	hái	副 (adv.)	(used for emphasis)
2.	近	jìn	形 (adj.)	near
3.	书店	shūdiàn	名 (n.)	bookstore
4.	过路人	guòlùrén	名 (n.)	passerby
5.	往	wǎng	介 (prep.)	toward
6.	前	qián	名 (n.)	front
7.	走	zǒu	动 (v.)	to walk, to go
8.	到	dào	动 (v.)	to arrive, to reach

9.	第三	dìsān	数（num.）	third
10.	十字路口	shízìlùkǒu		intersection, crossing
11.	右	yòu	名（n.）	right
12.	拐	guǎi	动（v.）	to turn
13.	远	yuǎn	形（adj.）	far
14.	大概	dàgài	副（adv.）	about, perhaps
15.	分钟	fēnzhōng	名（n.）	minute

句型 Pattern Drills

20.1 去……怎么走？

Gùgōng
故宫

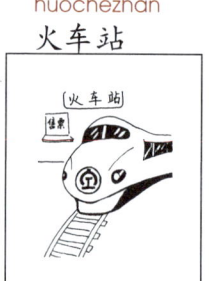
huǒchēzhàn
火车站

fēijīchǎng
飞机场

Tiān'ānmén
天安门

yóujú / túshūguǎn / yínháng / Běijīng Dàxué
邮局 / 图书馆 / 银行 / 北京大学

20.2 往……走

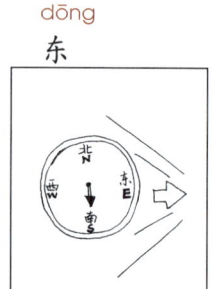
dōng
东

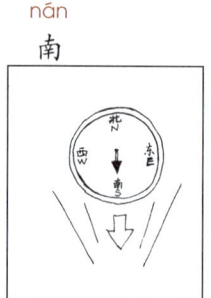
nán
南

lǐ
里

wài
外

20.3 往……拐

zuǒ	běi	xī	lǐbian
左	北	西	里边

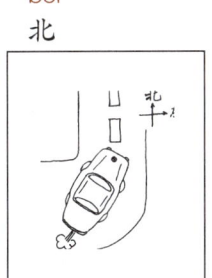 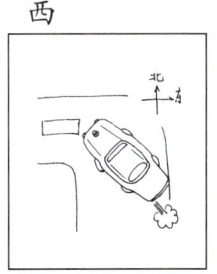 

生词 New Words

1.	故宫	Gùgōng	Forbidden City
2.	火车站	huǒchēzhàn	train station
3.	飞机场	fēijīchǎng	airport
4.	天安门	Tiān'ānmén	Tian'anmen
5.	东	dōng	名 (n.) east
6.	南	nán	名 (n.) south
7.	外	wài	名 (n.) outside
8.	左	zuǒ	名 (n.) left
9.	北	běi	名 (n.) north
10.	西	xī	名 (n.) west
11.	里边	lǐbian	名 (n.) inside

◇ 听读听写 Repetition and Dictation

◇1. 用慢速和中速跟读课文录音 (Follow the text tape and repeat at a slow and medium pace)。

◇2. 听录音，写句子 (Write down the sentences you hear)。

词汇语法　*Vocabulary and Grammar*

◇画图介绍你住的城市有什么有名的地方 (Draw a map and introduce famous places in your city)。

活学活用　*Learn and Use*

◇回答问题 (Answer the questions):
　1. 你的宿舍附近（fùjìn; neighborhood）有邮局和银行吗？怎么走？
　2. 你常常去书店吗？你喜欢买什么书？

课堂游戏　*Game*

听话传话 (Telephone)

学生 A 对学生 B 悄悄说一句话，学生 B 将听到的话传给 C，C 传给 D，依次类推。老师在最后可以比较起始句和最后句子的区别，分析在哪个环节出了错，让学生注意信息在传递中的丢失。

Student A whispers a sentence to student B. Student B whispers the sentence to C, C to D, and so on. The teacher can compare the first and last sentences and analyse where the mistakes appear. Let students pay attention to the lost information when it passes.

Translation

翻译下面的形容词 (Translate the following adjectives into Chinese):

strange	healthy	smooth	heavy
urgent	expensive	delicious	thin
pretty	pathetic	bitter	humorous
fat	annoying	nervous	confused

◇ 汉字书写　　*Write the Characters*

近	´	厂	斤	斤	斤	近	近

走	一	十	土	卡	卡	走	走

店	`	亠	广	广	庁	店	店

高	`	亠	广	亠	亠	卢	亭	高	高	高

◇ 语音练习　　*Pronunciation*

◇ 读下面的游戏歌"找朋友"（Read the song "Look for a friend"）：

zhǎo wa zhǎo wa zhǎo péngyou,
找 哇 找 哇 找 朋友， (Look, look, look for a friend)

zhǎo dào yí ge hǎo péngyou.
找 到 一 个 好 朋友。(Found a good friend)

Jìng ge lǐ,　wòwo shǒu,
敬 个 礼，握握 手， (Salute and shake hands)

nǐ shì wǒ de hǎo péngyou.
你 是 我 的 好 朋友。(You are my good friend)

Zàijiàn!
再见！ (Goodbye)

第二十一课 还是骑车去好
Dì-èr shíyī kè Háishi qí chē qù hǎo

课文 Text

Ānnà: Nǐ zěnme qù Yíhéyuán?
安娜： 你 怎么 去 颐和园？

Lǐ Xiǎolóng: Wǒ qí zìxíngchē qù.
李小龙： 我 骑 自行车 去。

Ānnà: Nǐ jiā lí Yíhéyuán yuǎn ma?
安娜： 你 家 离 颐和园 远 吗？

Lǐ Xiǎolóng: Qí chē dàgài sìshí fēnzhōng.
李小龙： 骑 车 大概 四十 分钟。

Ānnà: Yàoshi zuò chē ne?
安娜： 要是 坐 车 呢？

Lǐ Xiǎolóng: Zhìshǎo yí ge xiǎoshí. Nà tiáo lù jīngcháng dǔ chē.
李小龙： 至少 一 个 小时。那 条 路 经常 堵 车。

Ānnà: Nà háishi qí chē qù hǎo.
安娜： 那 还是 骑 车 去 好。

Lesson Twenty-one   It's better to go by bicycle.

Anna: How are you going to the Summer Palace?
Li Xiaolong: I'll ride (my) bike.
Anna: Is your home far away from the Summer Palace?
Li Xiaolong: About 40 minutes by bicycle.
Anna: How about by bus?
Li Xiaolong: At least 1 hour. On that road there's always traffic.
Anna : Then it's better to go by bicycle.

生词 New Words

1. 还是……好　　háishi......hǎo　　　　　　　　it's better......
2. 骑　　　　　　qí　　　　　　动 (v.)　　to ride
3. 车　　　　　　chē　　　　　名 (n.)　　vehicle (include bicycle)
4. 颐和园　　　　Yíhéyuán　　　　　　　　　　Summer Palace

5.	离	lí	介(prep.)	from
6.	要是	yàoshi	连(conj.)	if
7.	至少	zhìshǎo	副(adv.)	at least
8.	小时	xiǎoshí	名(n.)	hour
9.	路	lù	名(n.)	road
10.	经常	jīngcháng	副(adv.)	often
11.	堵车	dǔ chē		to have a traffic jam

句型 *Pattern Drills*

 21.1 你怎么去……？

Chángchéng
长城

Shísānlíng
十三陵

dòngwùyuán
动物园

Yuánmíngyuán
圆明园

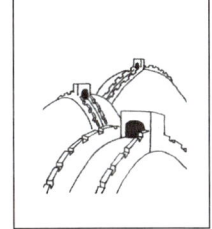   

21.2 我……去。

zuò gōnggòng qìchē
坐公共汽车

zìjǐ kāi chē
自己开车

dǎ chē
打车

qí mótuōchē
骑摩托车

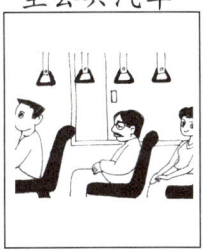   

21.3 你家离……远吗？

yóulèchǎng	dìtiězhàn	xuéxiào	yòu'éryuán
游乐场	地铁站	学校	幼儿园

gōngsī	wǒ jiā	zhèr
公司 /	我家 /	这儿

21.4 至少……

èr shí fēn zhōng	bāshí gōngjīn	liǎngqiān kuài	sìshí gōnglǐ
二十分钟	八十公斤	两千块	四十公里

  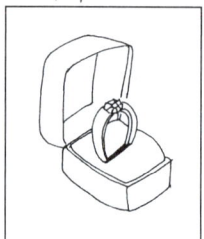 

生词 New Words

1.	长城	Chángchéng		the Great Wall
2.	十三陵	Shísānlíng		the Ming Tombs
3.	动物园	dòngwùyuán	名 (n.)	zoo
4.	圆明园	Yuánmíngyuán		Ruins at Yuanmingyuan
5.	开（车）	kāi (chē)	动 (v.)	to drive
6.	打车	dǎ chē		to take a taxi
7.	摩托车	mótuōchē	名 (n.)	motorcycle
8.	游乐场	yóulèchǎng	名 (n.)	amusement park
9.	地铁站	dìtiězhàn		subway station
10.	学校	xuéxiào	名 (n.)	school

11.	幼儿园	yòu'éryuán	名 (n.)	kindergarten
12.	公斤	gōngjīn	量（m.）	kilogram
13.	公里	gōnglǐ	量（m.）	kilometer

练 习 Exercises

◆ **听读听写**   *Repetition and Dictation*

◇1. 用慢速和中速跟读课文录音 (Follow the text tape and repeat at a slow and medium pace)。

◇2. 听录音，写句子 (Write down the sentences you hear)。

◆ **词汇语法**   *Vocabulary and Grammar*

◇1. 填空完成下面的对话 (Fill in the blanks to complete the following sentences):

甲：你家离 _____ 远吗？

乙：_____ 大概 _____ 分钟。

甲：你怎么去 _____？

乙：我 _____ 去。

甲：你为什么不 _____ 去？

乙：_____。

◇2. 替换下面句子中划线部分的词语 (Substitute a new word for the underlined word):

我家离学校很远，<u>坐车至少一个半小时</u>，<u>打车至少四十块钱</u>，还是坐<u>地铁</u>（dìtiě; subway）去好。

◆ **活学活用**   *Learn and Use*

◆ 回答问题 (Answer the questions):

1. 你家离学校远吗？你怎么去学校？要多长时间？
2. 你常常坐公共汽车还是地铁？为什么？
3. 你有没有自行车？你常常骑车去哪儿？

翻译练习 Translation

翻译下面的句子(Translate the following sentences into Chinese):

1. How do you go to school everyday?
2. I go to school by subway or by bus.
3. Is your company far away from your home?

◆ 汉字书写 Write the Characters

| 车 | 一 | 𠂉 | 𨍏 | 车 |

| 地 | - | 十 | 土 | 圠 | 圸 | 地 |

| 场 | - | 十 | 土 | 圬 | 场 | 场 |

| 离 | 丶 | 亠 | 䒑 | 文 | 㐭 | 卤 | 卤 | 禸 | 离 | 离 |

◆ 语音练习 Pronunciation

◇ 读下面的句子，注意声调的区别 (Read the following sentences and pay attention to the different tones):

1. Wǒ qù jiāo shuǐ.
我 去 浇 水。 (I go to water (the plant).)

2. Wǒ qù jiāo shuì.
我 去 交 税。 (I go to pay the tax.)

第二十二课 不好吃也得吃啊
Dì-èrshí èr kè Bù hǎochī yě děi chī a

课文 Text

Fāng Mèngdān: Nǐ měitiān wǎnshang zài nǎr chī fàn?
方梦丹：你每天晚上在哪儿吃饭？

Mǎ Āndí: Yìbān shì zài lóu xià de shítáng.
马安迪：一般是在楼下的食堂。

Fāng Mèngdān: Shítáng de cài hǎochī ma?
方梦丹：食堂的菜好吃吗？

Mǎ Āndí: Bù hǎochī yě děi chī a.
马安迪：不好吃也得吃啊。

Fāng Mèngdān: Jīntiān wǎnshang yǒu kòngr ma? Nǐ dào wǒ zhèr lái ba, chángchang wǒ zuò de Zhōngguó cài.
方梦丹：今天晚上有空儿吗？你到我这儿来吧，尝尝我做的中国菜。

Mǎ Āndí: Zhēnde? Wǒ yídìng qù.
马安迪：真的？我一定去。

Lesson Twenty-two   Even if it's bad, you still have to eat.

Fang Mengdan: Where do you eat every evening?
Ma Andi: Usually in the cafeteria downstairs.
Fang Mengdan: Is the cafeteria food good?
Ma Andi: (Even if) it's bad, you still have to eat.
Fang Mengdan: Do you have time this evening? Come to my place and taste my Chinese cooking.
Ma Andi: Really? I'll definitely go.

生词 New Words

1.	得	děi	副 (adv.)	have to
2.	晚上	wǎnshang	名 (n.)	evening
3.	一般	yìbān	形 (adj.)	generally
4.	楼	lóu	名 (n.)	floor; level

5.	下	xià	名（n.）	down
6.	食堂	shítáng	名（n.）	mess; cafeteria
7.	菜	cài	名（n.）	dish
8.	空儿	kòngr	名（n.）	free time
9.	到……来	dào……lái		to come to...
10.	一定	yídìng	副（adv.）	definitely

句型 Pattern Drills

 22.1 在哪儿……？

yuēhuì 约会	tiào wǔ 跳舞	chàng kǎlā'ōukèi 唱卡拉OK	bǐsài 比赛

22.2 你到……来吧。

wǒ jiā 我家	wǒ de sùshè 我的宿舍	Běidà 北大	Shànghǎi 上海
	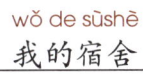 		

 22.3 尝尝我做的……。

dàngāo 蛋糕	diǎnxīn 点心	jiǎozi 饺子	shuǐguǒ shālā 水果沙拉

生词 New Words

1.	约会	yuēhuì	动、名（v./n.）	to make an appointment, an appointment
2.	跳舞	tiào wǔ		to dance
3.	卡拉OK	kǎlā'ōukēi		karaoke
4.	比赛	bǐsài	动、名（v./n.）	to have a competition, a competition
5.	北大	Běidà		Peking University
6.	上海	Shànghǎi		Shanghai
7.	蛋糕	dàngāo	名（n.）	cake
8.	点心	diǎnxīn	名（n.）	snack, dessert, dim sum
9.	沙拉	shālā	名（n.）	salad

练 习　Exercises

听读听写　Repetition and Dictation

◇1. 用慢速和中速跟读课文录音 (Follow the text tape and repeat at a slow and medium pace)。

◇2. 听录音，写句子 (Write down the sentences you hear)。

词汇语法　Vocabulary and Grammar

◇按照例子写句子 (Complete the sentences according to the example):

		地方（place）	做什么（do sth）	
1		家	写	作业
2			喝	
3	在		听	
4			买	
5			打	
6			洗	
7			吃	

◆ 活学活用　

◇1. 回答问题 (Answer the questions)：
　　（1）你一般在哪儿吃晚饭？
　　（2）你自己做饭吗？做什么？
　　（3）你会做中国菜吗？会做什么菜？

◇2. 介绍学校食堂的饭 (Introduce the food in your school's cafeteria)。

◆ 翻译练习　Translation

翻译下面的句子 (Translate the following sentences into Chinese)：
1. Where do you go dancing every Friday evening?
2. Do you have time to have lunch with us tomorrow?
3. Come to my place and taste my fruit salad.

◆ 汉字书写　Write the Characters

心	丶	乚	心	心

食	丿	人	入	今	今	含	食	食	食

海	丶	冫	氵	汀	江	汇	海	海	海	海

般	丿	厂	力	角	舟	舟	舟	舡	船	般

◆ 语音练习 *Pronunciation*

◇ 读下面的句子，注意声调的区别 (Read the following sentence and pay attention to the different tones):

Zhèr shì màoyì gōngsī, bú shì máoyī gōngsī.
这儿是 贸易 公司，不 是 毛衣 公司。
(This is trade company, not sweater company.)

第二十三课 不能吃臭豆腐的，不算是北京人
Dì-èr shí sān kè Bù néng chī chòudòufu de, bú suànshì Běijīngrén

课文 Text

方梦丹: 我做的菜怎么样？
Fāng Mèngdān: Wǒ zuò de cài zěnmeyàng?

马安迪: 好吃，烧茄子、家常豆腐、素炒土豆丝，我都爱吃。
Mǎ Āndí: hǎochī, shāoqiézi, jiāchángdòufu, sùchǎotǔdòusī, wǒ dōu ài chī.

方梦丹: 你还喜欢吃哪些中国菜？
Fāng Mèngdān: Nǐ hái xǐhuan chī nǎxiē Zhōngguó cài?

马安迪: 除了臭豆腐，我都喜欢吃。
Mǎ Āndí: Chúle chòudòufu, wǒ dōu xǐhuan chī.

方梦丹: 不爱吃臭豆腐不行。
Fāng Mèngdān: Bú ài chī chòudòufu bù xíng.

马安迪: 为什么？
Mǎ Āndí: Wèishénme?

方梦丹: 你没听人说吗？不能吃臭豆腐的，不算是北京人。
Fāng Mèngdān: Nǐ méi tīng rén shuō ma? Bù néng chī chòudòufu de, bú suànshì Běijīngrén.

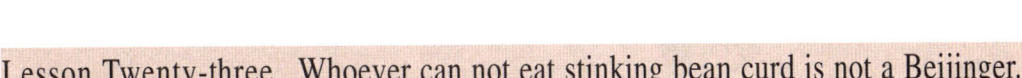

Lesson Twenty-three Whoever can not eat stinking bean curd is not a Beijinger.

FangMengdan : How are the dishes I cooked?
Ma Andi: Good! Stir-fried eggplant, home-style tofu, stir-fried shredded potato, I love all of them.
Fang Mengdan: What other Chinese dishes do you like?
Ma Andi: Except for stinking bean curd, I like them all.
Fang Mengdan: It's not OK if you can not eat stinking bean curd.
Ma Andi: Why?
Fang Mengdan: Haven't you heard that whoever can not eat stinking bean curd is not a Beijinger.

生词 New Words

1.	能	néng	助动 (aux.)	can
2.	臭豆腐	chòudòufu		strong smelling fermented bean curd
3.	算是	suànshì	动 (v.)	to be considered; counted as
4.	烧茄子	shāoqiézi		stir-fried eggplant
5.	家常豆腐	jiāchángdòufu		home-style tofu
6.	素炒土豆丝	sùchǎotǔdòusī		stir-fried shredded potato
7.	爱	ài	动 (v.)	to love; to like
8.	哪些	nǎxiē	代 (pron.)	which (ones)
9.	除了	chúle	连 (conj.)	except for
10.	行	xíng	形 (adj.)	OK; alright

句型 Pattern Drills

 23.1 我做的……怎么样？

xiānrbǐng	guōtiēr	bǐsàbǐng	hānbǎobāo
馅儿饼	锅贴儿	比萨饼	汉堡包

jiǎozi	bāozi	húntun	miàntiáo
饺子 /	包子 /	馄饨 /	面条

 23.2 ……、……、……，我都爱……。

Hóngchá, lǜchá, huāchá, wǒ dōu ài hē.
红茶、绿茶、花茶，我都爱喝。

Xiǎoshuō, shīgē, sǎnwén, wǒ dōu ài dú.
小说、诗歌、散文，我都爱读。

Píngguǒ, bōluó, lí, wǒ dōu ài chī.
苹果、菠萝、梨、我都爱吃。

Àiqíngpiānr, wǔdǎpiānr, zhànzhēngpiānr, wǒ dōu ài kàn.
爱情片儿、武打片儿、战争片儿，我都爱看。

 23.3 除了……，我都喜欢吃。

xiāngcài	huājiāo	dàsuàn	gǒuròu
香菜	花椒	大蒜	狗肉

生词 New Words

1. 馅儿饼　xiànrbǐng　　名 (n.)　　stuffed fried pancake
2. 锅贴儿　guōtiēr　　　名 (n.)　　fried dumplings
3. 比萨饼　bǐsàbǐng　　名 (n.)　　pizza
4. 汉堡包　hànbǎobāo　名 (n.)　　hamburger
5. 诗歌　　shīgē　　　　名 (n.)　　poem
6. 散文　　sǎnwén　　　名 (n.)　　prose

7.	菠萝	bōluó	名 (n.)	pineapple
8.	读	dú	动 (v.)	to read
9.	爱情	àiqíng	名 (n.)	love
10.	片儿	piānr	名 (n.)	movie
11.	武打	wǔdǎ		acrobatic fighting in Chinese opera or dance
12.	战争	zhànzhēng	名 (n.)	war
13.	香菜	xiāngcài	名 (n.)	parsley
14.	花椒	huājiāo	名 (n.)	black/white pepper
15.	大蒜	dàsuàn	名 (n.)	garlic
16.	狗肉	gǒuròu	名 (n.)	dog meat

练习 Exercises

听读听写 Repetition and Dictation

◇1. 用慢速和中速跟读课文录音 (Follow the text tape and repeat at a slow and medium pace)。

◇2. 听录音，写句子 (Write down the sentences you hear)。

词汇语法 Vocabulary and Grammar

◇填空 (Fill in the blanks):

我的朋友_____是_____人，她会做_____菜，她做的_____、_____、_____我都爱吃。我不会_____，只会_____。我想学习_____。

活学活用 Learn and Use

◇ 回答问题 (Answer the questions):
  (1)你喜欢吃什么？不喜欢吃什么？
  (2)你爱喝的饮料有哪些？
  (3)说出你知道的蔬菜（shūcài; vegetables）、水果的名字。

翻译练习 Translation

翻译下面的句子 (Translate the following sentences into Chinese):
1. How is the tofu I cooked?
2. The Great Wall, the Temple of Heaven, the Ming Tombs, I love all of them.
3. I like everything except for parsley.

◇ 汉字书写 Write the Characters

| 片 | ノ | ノ | 广 | 片 |

| 能 | ㄥ | ㄙ | 亻 | 台 | 台 | 育 | 肻 | 能 | 能 | 能 |

| 烧 | 丶 | 丷 | 少 | 火 | 火 | 灼 | 炞 | 烧 | 烧 | 烧 |

| 爱 | 一 | 一 | 一 | 爫 | 爫 | 严 | 垩 | 孚 | 爱 | 爱 |

◆ 语音练习　　*Pronunciation*

◇ 读下面的句子，注意声调的区别　(Read the following sentences and pay attention to the different tones):

1. 我 买 杯子。(I buy cups.)
   Wǒ mǎi bēizi.

2. 我 买 被子。(I buy quilts.)
   Wǒ mǎi bèizi.

Dì-èrshísì kè Bié tài wánrmìng
第二十四课 别 太 玩儿命

课文 Text

Cuī Chéngzhé: Jīntiān shì zhōumò, nǐ dǎsuàn qù nǎr?
崔成哲：今天 是 周末，你 打算 去 哪儿?

Piáo Yīngyù: Wǒ xiǎng hǎohāor xiūxi xiūxi.
朴英玉：我 想 好好儿 休息休息。

Cuī Chéngzhé: Nǐ bù shūfu ma?
崔成哲：你 不 舒服 吗?

Piáo Yīngyù: Zuìjìn zhǔnbèi Hànyǔ Shuǐpíng Kǎoshì, bǐjiào lèi.
朴英玉：最近 准备 汉语 水平 考试，比较 累。

Cuī Chéngzhé: Nǐ yào duō zhùyì xiūxi, bié tài wánrmìng.
崔成哲：你 要 多 注意 休息，别 太 玩儿命。

Piáo Yīngyù: Yào fùxí de nèiróng tài duō, méi bànfǎ.
朴英玉：要 复习 的 内容 太 多，没 办法。

Cuī Chéngzhé: Xué Hànyǔ zhēn bù shì yí jiàn róngyì de shì.
崔成哲：学 汉语 真 不 是 一 件 容易 的 事。

Lesson Twenty-four   Don't be so hard on yourself.

Fang Mengdan: It's the weekend. Where do you plan to go today?
Piao Yingyu: I'll have a good rest.
Fang Mengdan: Are you not feeling well?
Piao Yingyu: I have been preparing for the HSK recently, so I'm tired.
Fang Mengdan: You should make sure to rest. Don't be so hard on yourself.
Piao Yingyu: There are so many things to review. I can't help it.
Fang Mengdan: Studying Chinese is no easy thing.

生词 New Words

1. 别	bié	副 (adv.)	don't
2. 太	tài	副 (adv.)	too
3. 玩儿命	wánrmìng		to put much effort into
4. 周末	zhōumò	名 (n.)	weekend

5.	打算	dǎsuàn	动 (v.)	to plan
6.	好好儿	hǎohāor	副 (adv.)	(to do something) well
7.	休息	xiūxi	动 (v.)	to have a rest
8.	舒服	shūfu	形 (adj.)	comfortable; feel well
9.	最近	zuìjìn	名 (n.)	recently
10.	准备	zhǔnbèi	动 (v.)	to prepare
11.	水平	shuǐpíng	名 (n.)	level
12.	比较	bǐjiào	副 (adv.)	quite; relatively
13.	内容	nèiróng	名 (n.)	content
14.	容易	róngyì	形 (adj.)	easy

句型 Pattern Drills

 24.1 好好儿……

xiǎngxiang
想想

zhǎozhao
找找

shōushi shōushi
收拾收拾

shāngliang shāngliang
商量商量

24.2 注意……

duànliàn
锻炼

fáng dào
防盗

jiǎn féi
减肥

zūnshǒu jiāotōng guīzé
遵守交通规则

24.3 要……的……太多。

Yào mǎi de dōngxi tài duō.
要买的东西太多。

Yào dài de lǐwù tài duō.
要带的礼物太多。

Yào xǐ de yīfu tài duō.
要洗的衣服太多。

Yào huí de xìn tài duō.
要回的信太多。

24.4 ……真不是一件容易的事。

bèi dāncí
背单词

xiě lùnwén
写论文

bāo jiǎozi
包饺子

zuò Zhōngguó cài
做中国菜

生词 New Words

1. 商量　　shāngliang　　动（v.）　　to discuss
2. 锻炼　　duànliàn　　动（v.）　　to do physical training; to exercise
3. 防盗　　fáng dào　　　　　　　　to prevent robbery

4.	减肥	jiǎn féi		to lose weight
5.	遵守	zūnshǒu	动 (v.)	to obey; to follow
6.	交通	jiāotōng	名 (n.)	traffic
7.	规则	guīzé	名 (n.)	rule
8.	带	dài	动 (v.)	to bring; to take
9.	礼物	lǐwù	名 (n.)	present; gift
10.	回	huí	动 (v.)	to go back
11.	信	xìn	名 (n.)	letter
12.	背	bèi	动 (v.)	to recite (from memory)
13.	单词	dāncí	名 (n.)	vocabulary words
14.	论文	lùnwén	名 (n.)	thesis; paper
15.	包	bāo	动 (v.)	to wrap (jiaozi)

练 习　Exercises

听读听写　*Repetition and Dictation*

◇ 1. 用慢速和中速跟读课文录音 (Follow the text tape and repeat at a slow and medium pace)。

◇ 2. 听录音，写句子 (Write down the sentences you hear)。

词汇语法　*Vocabulary and Grammar*

◇ 用"好好儿"加上下面的词语各说一句完整的话 (Make a complete sentence with "好好儿" and the following words):

（1）洗洗　（2）读读　（3）逛逛　（4）复习复习　（5）准备准备

活学活用　*Learn and Use*

◆ 1. 回答问题 (Answer the questions):

(1) 你想参加（cānjiā; attend）汉语水平考试吗？

(2) 考试要复习的内容太多，你怎么办？

(3) 学汉语要注意什么？

◆ 2. 说一件在中国不容易做的事 (Talk about something that is not easy to do in China)。

课堂游戏　Game

他／她是谁（Who is he/she）？

描述班里一个同学的外貌，让同学们猜描述的对象是谁。

Describe a classmate's appearance, let other students guess who he/she is.

翻译练习　Translation

翻译下面的句子 (Translate the following sentences into Chinese):

1. I want to work in Shanghai, so I need to have a good discussion with my girlfriend.
2. There are so many presents to wrap that I have no time to eat.
3. Writing a thesis is no easy thing.

汉字书写　Write the Characters

◆ 语音练习　*Pronunciation*

◇ 读下面的句子，注意声调的区别 (Read the following sentences and pay attention to the different tones):

  Mǎi yì bāo yān.
1. 买 一 包 烟。(Buy a pack of cigarettes.)

  Mǎi yì bāo yán.
2. 买 一 包 盐。(Buy a pack of salt.)

第二十五课　我的运气怎么那么不好?
Dì-èrshíwǔ kè　Wǒ de yùnqi zěnme nàme bù hǎo?

课文 Text

安娜: 我买了一件衣服，你看好看不好看?
Ānnà: Wǒ mǎi le yí jiàn yīfu, nǐ kàn hǎokàn bu hǎokàn?

玛丽: 真漂亮! 在哪儿买的?
Mǎlì: Zhēn piàoliang! Zài nǎr mǎi de?

安娜: 校门外面的商场。
Ānnà: Xiàomén wàimian de shāngchǎng.

玛丽: 我非常喜欢这种样子的衣服，我也去买一件。
Mǎlì: Wǒ fēicháng xǐhuan zhè zhǒng yàngzi de yīfu, wǒ yě qù mǎi yí jiàn.

安娜: 别去了。售货员说，这是最后一件。
Ānnà: Bié qù le. Shòuhuòyuán shuō, zhè shì zuìhòu yí jiàn.

玛丽: 唉! 我的运气怎么那么不好?
Mǎlì: Ài! Wǒ de yùnqi zěnme nàme bù hǎo?

Lesson Twenty-five   I always have bad luck?

Anna: I bought a piece of new clothing. Look! Isn't it pretty?
Mali: Very pretty! Where did you buy it?
Anna: In the shop outside the campus.
Mali: I like this style of clothing, I'll go and buy one too.
Anna: Don't go! The salesperson said this is the last one.
Mali: Oh, I always have bad luck!

生词 New Words

1.	运气	yùnqi	名 (n.)	luck, fortune
2.	那么	nàme	代 (pron.)	so, that
3.	了	le	助	particle

131

4.	好看	hǎokàn	形（adj.）	good looking, pretty
5.	校门	xiàomén	名（n.）	campus gate
6.	外面	wàimian	名（n.）	outside
7.	商场	shāngchǎng	名（n.）	department store
8.	非常	fēicháng	副（adv.）	very
9.	种	zhǒng	量（m.）	a kind
10.	样子	yàngzi	名（n.）	style
11.	最后	zuìhòu	名（n.）	last
12.	唉	ài	叹（int.）	oh

句型 Pattern Drills

 25.1 我买了……。

yì shēn nèiyī	yìshuāng wàzi	yí tào xīfú	yì tiáo qúnzi
一身内衣	一双袜子	一套西服	一条裙子

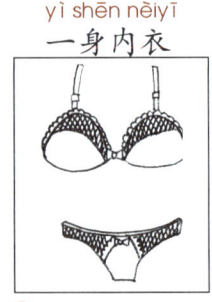 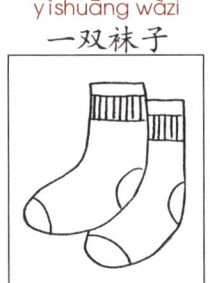  

yí jiàn dàyī	yí fù shǒutào	yì dǐng màozi	yì tiáo kùzi
一件大衣 ／	一副手套 ／	一顶帽子 ／	一条裤子

 25.2 真……

xiāng	nánkàn	liǎobuqǐ	méiyìsi
香	难看	了不起	没意思

● 25.3 怎么那么……？

mǎn	hàipà	niánqīng	méi lǐmào
慢	害怕	年轻	没礼貌

lěng	guì	zháo jí	jǐnzhāng
冷 /	贵 /	着急 /	紧张

生词 New Words

1.	身	shēn	量（m.）	outfit
2.	内衣	nèiyī	名（n.）	underwear
3.	袜子	wàzi	名（n.）	socks
4.	套	tào	量（m.）	set
5.	西服	xīfú	名（n.）	suit
6.	裙子	qúnzi	名（n.）	skirt
7.	香	xiāng	形（adj.）	fragrant; appetizing
8.	难看	nánkàn	形（adj.）	ugly
9.	了不起	liǎobuqǐ	形（adj.）	wonderful
10.	没意思	méiyìsi		not interesting; boring
11.	慢	màn	形（adj.）	slow
12.	害怕	hàipà	动（v.）	to be afraid, scared
13.	年轻	niánqīng	形（adj.）	young
14.	礼貌	lǐmào	名（n.）	courtesy; politeness

练习 Exercises

◆ 听读听写 *Repetition and Dictation*

◇ 1. 用慢速和中速跟读课文录音 (Follow the text tape and repeat at a slow and medium pace)。

◇ 2. 听录音，写句子 (Write down the sentences you hear)。

◆ 词汇语法 *Vocabulary and Grammar*

◇ 用主语填空，完成句子 (Fill in the blanks with a subject to complete the sentences):

  (　　　)很好吃　　(　　　)真难看　　(　　　)非常麻烦
  (　　　)很可怕　　(　　　)真漂亮　　(　　　)非常紧张
  (　　　)很有意思　(　　　)真没意思　(　　　)非常讨厌

◆ 活学活用 *Learn and Use*

◇ 设计一套时装，画图并说明样子和颜色 (Fashion design: draw a picture and explain the style and color)。

翻译下面的句子 (Translate the following sentences into Chinese):

1. I bought a pretty green skirt for 50 yuan.
2. I don't like this lesson. It's so boring.
3. Why are you so nervous?

◇ 汉字书写　　*Write the Characters*

| 礼 | 丶 | 礻 | 礻 | 礻 | 礼 |

| 后 | 一 | 厂 | 厂 | 斤 | 后 | 后 |

| 呀 | 丨 | 口 | 口 | 叮 | 叮 | 呀 | 呀 |

| 套 | 一 | 大 | 大 | 太 | 查 | 奔 | 查 | 套 | 套 | 套 |

◇ 语音练习　　*Pronunciation*

◇ 读下面的游戏歌"两只老虎" (Read the song "Two Tigers"):

Liǎng zhī lǎohǔ, liǎng zhī lǎohǔ,
两 只 老虎，两 只 老虎，
(Two tigers, two tigers)

pǎo de kuài, pǎo de kuài.
跑 得 快，跑 得 快。
(Running fast, running fast)

Yì zhī méiyǒu ěrduo,
一 只 没有 耳朵，
(One has no ears)

yì zhī méiyǒu wěiba,
一 只 没有 尾巴，
(One has no tail)

zhēn qíguài! zhēn qíguài!
真 奇怪！真 奇怪！
(How strange! How strange!)

135

第二十六课 今天晚上盖什么？
Dì-èr shí liù kè Jīntiān wǎnshang gài shénme?

课文 Text

崔成哲 Cuī Chéngzhé: 下雨了。
Xià yǔ le.

朴英玉 Piáo Yīngyù: 坏了！我的被子还在外面呢。
Huài le! Wǒ de bèizi hái zài wàimian ne.

崔成哲 Cuī Chéngzhé: 快去拿吧！
Kuài qù ná ba!

朴英玉 Piáo Yīngyù: 你看，都淋湿了。天气预报没说今天有雨呀！
Nǐ kàn, dōu lín shī le. Tiānqì yùbào méi shuō jīntiān yǒu yǔ ya!

崔成哲 Cuī Chéngzhé: 这儿的天气奇怪得很，说变就变。
Zhèr de tiānqì qíguài de hěn, shuō biàn jiù biàn.

朴英玉 Piáo Yīngyù: 那今天晚上盖什么？
Nà jīntiān wǎnshang gài shénme?

Lesson Twenty-six   What am I going to use (for cover) tonight?

Cui Chengzhe: It's raining.

Piao Yingyu: That's too bad! My quilt is still outside.

Cui Chengzhe: Quick, go get it!

Piao Yingyu: Look! It's all wet. The weather forecast didn't say there was rain today.

Cui Chengzhe: The weather here is strange. As soon as you say "change", it changes.

Piao Yingyu: Then what am I going to use (for cover) tonight?

生词 New Words

1. 盖　　gài　　　动(v.)　　to cover
2. 了　　le　　　 助　　　　an auxiliary word that indicates mood

3.	坏了	huàile		It's bad
4.	被子	bèizi	名 (n.)	quilt
5.	拿	ná	动 (v.)	to take, to get
6.	都……了	dōu……le		already
7.	淋	lín	动 (v.)	to pour, to drench
8.	湿	shī	形 (adj.)	wet
9.	……得很	……de hěn		very (to a large degree)
10.	说……	shuō……		as soon as you say...it
	就……	jiù……		happens (to happen very suddenly or quickly)
11.	变	biàn	动 (v.)	to change

句型 *Pattern Drills*

26.1 ……了

xià xuě
下雪

qǐ fēng
起风

xià bīngbáo
下冰雹

chū tàiyang
出太阳

26.2 快去……吧!

shuì
睡

bào àn
报案

qiǎnggòu
抢购

bào míng
报名

 26.3 ……得很

piányi	fāngbiàn	rènao	jiǎndān
便宜	方便	热闹	简单

hǎo	màn	jǐnzhāng	máfan
好 /	慢 /	紧张 /	麻烦

生词 New Words

1.	起	qǐ	动 (v.)	to start, to begin
2.	冰雹	bīngbáo	名 (n.)	hail
3.	出	chū	动 (v.)	to come out
4.	太阳	tàiyang	名 (n.)	sun
5.	睡	shuì	动 (v.)	to sleep
6.	报案	bào àn		to report a case to the security authorities
7.	抢购	qiǎnggòu	动 (v.)	to rush to buy
8.	报名	bào míng		to apply for admission (to)
9.	便宜	piányi	形 (adj.)	cheap
10.	方便	fāngbiàn	形 (adj.)	convenient
11.	热闹	rènao	形 (adj.)	bustling; lively
12.	简单	jiǎndān	形 (adj.)	simple

练习 Exercises

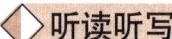 听读听写 Repetition and Dictation

◆1. 用慢速和中速跟读课文录音 (Follow the text tape and repeat at a slow and medium pace)。

◆2. 听录音，写句子 (Write down the sentences you hear)。

◆ 词汇语法　*Vocabulary and Grammar*

◆1. 选择下面的词语填空 (Choose from the following words to fill in the blanks):
①说……就……　②……得很　③快去……吧　④还在……呢　⑤都……了

(1) ＿＿12点＿＿，＿＿吃饭＿＿＿！
(2) 这里的水果便宜＿＿＿＿＿。
(3) 这儿的天气不好，＿＿刮风＿＿刮风。
(4) 糟糕，我的课本＿＿宿舍里＿＿。

◆2. 说出你学过的关于天气变化的词语 (Say some words you have learnt about weather's changing)。

◆ 活学活用　*Learn and Use*

◆介绍你住的城市天气情况 (Introduce your city's weather)。

　*Translation*

翻译下面的动词 (Translate the following verbs into Chinese):

to hate	to receive	to prepare	to congratulate
to taste	to stroll	to promise	to make progress
to crowd	to regret	to recite	to make an appointment
to plan	to obey	to cover	to apply for admission

◆ 汉字书写　*Write the Characters*

冰	丶	冫	刂	刂	冰	冰
坏	一	十	土	扌	坏	坏	坏
变	丶	亠	一	亣	亦	亦	变	变
被	丶	冫	衤	衤	衤	衤	衤	衤	被	被

◆ **语音练习** *Pronunciation*

◇ 读下面的句子，注意"一"的不同读音 (Read the following sentences and pay attention to the different tones of "一"):

Wǒ zài kǒuyǔ yī bān.
1. 我 在 口语 一 班。

(I'm in oral class one.)

Wǒ yìbān shí'èr diǎn shuì jiào.
2. 我 一般 12 点 睡 觉。

(I generally go to bed at 12 o'clock.)

Nánrén de yíbàn shì nǚrén.
3. 男人 的 一半 是 女人。

(Half of man is woman.)

Bǎ nà zhāng zhuōzi bān yi bān.
4. 把 那 张 桌子 搬 一 搬。

(Move that table (please).)

第二十七课 你饶了我吧
Dì-èr shíqī kè Nǐ ráo le wǒ ba

课文 Text

玛丽: 我最近越来越胖了。
Mǎlì: Wǒ zuìjìn yuèláiyuè pàng le.

伍松: 是吗?我看你挺苗条的。
Wǔ Sōng: Shì ma? Wǒ kàn nǐ tǐng miáotiao de.

玛丽: 为了减肥,我决定从明天开始不吃早饭。
Mǎlì: Wèile jiǎn féi, wǒ juédìng cóng míngtiān kāishǐ bù chī zǎofàn.

伍松: 不吃早饭可不是办法。你应该坚持跑步。
Wǔ Sōng: Bù chī zǎofàn kě bú shì bànfǎ. Nǐ yīnggāi jiānchí pǎo bù.

玛丽: 这么冷的天儿,你饶了我吧。
Mǎlì: Zhème lěng de tiānr, nǐ ráo le wǒ ba.

Lesson Twenty-seven Give me a break!

Mali: Recently I'm getting fatter and fatter.
Wu Song: Really? You look slim to me.
Mali: In order to lose weight I decide that starting from tomorrow I won't eat breakfast.
Wu Song: Not eating is not a good way. You should keep jogging.
Mali: With the weather so cold? Give me a break!

生词 New Words

1. 饶   ráo   动 (v.)   to pardon; to forgive, to have mercy (on)
2. 越来越…… yuèláiyuè……   getting more and more...
3. 挺……的 tǐng……de   very
4. 苗条 miáotiao 形 (adj.) slim

5.	为了	wèile	介（prep.）	for; in order to
6.	决定	juédìng	动（v.）	to decide
7.	从	cóng	介（prep.）	from
8.	开始	kāishǐ	动（v.）	to begin; to start
9.	早饭	zǎofàn	名（n.）	breakfast
10.	可	kě	副（adv.）	definitely (expresses emphasize)
11.	坚持	jiānchí	动（v.）	to persist
12.	跑步	pǎo bù		to jog; to run
13.	天儿	tiānr	名（n.）	weather

句型 *Pattern Drills*

 27.1 越来越……了

(Tiānqì) yuèláiyuè nuǎnhuo le.
（天气）越来越 暖和 了。

(Wūrǎn) yuèláiyuè yánzhòng le.
（污染）越来越 严重 了。

(Gòu wù) yuèláiyuè fāngbiàn le.
（购物）越来越 方便 了。

(Nǐ) yuèláiyuè lǎn le.
（你）越来越 懒 了。

 27.2 为了……，我……。

Wèile zìjǐ jiāo xuéfèi, wǒ měitiān qù dǎ gōng.
为了自己交学费，我每天去打工。

Wèile xué hǎo Hànyǔ, wǒ qǐng le yí wèi fǔdǎo.
为了学好汉语，我请了一位辅导。

Wèile zhīyuán zāiqū, tā juān le yìqiānyuán.
为了支援灾区，她捐了一千元。

Wèile duànliàn shēntǐ, wǒ cānjiā le jiànměibān.
为了锻炼身体，我参加了健美班。

 27.3 你应该坚持……。

| duànliàn | yùndòng | zuò cāo | dǎ tàijíquán |
| 锻炼 | 运动 | 做操 | 打太极拳 |

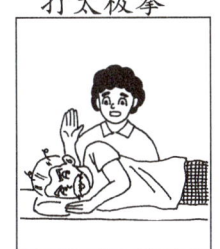

生词 New Words

1.	暖和	nuǎnhuo	形（adj.）	warm
2.	污染	wūrǎn	动、名（v./n.）	to pollute; pollution
3.	严重	yánzhòng	形（adj.）	serious; severe
4.	购物	gòu wù		to do shopping
5.	懒	lǎn	形（adj.）	lazy

6.	交	jiāo	动 (v.)	to pay
7.	学费	xuéfèi	名 (n.)	tuition fee
8.	打工	dǎ gōng		to work (usually in a low position)
9.	支援	zhīyuán	动 (v.)	to support; to aid
10.	灾区	zāiqū	名 (n.)	disaster area
11.	捐	juān	动 (v.)	to donate; to contribute
12.	参加	cānjiā	动 (v.)	to attend; to take part in
13.	健美	jiānměi	形 (v.)	athletically fit
14.	运动	yùndòng	动、名 (v./n.)	to do sports; sport
15.	做操	zuò cāo		to do callisthenics

练习 Exercises

听读听写 Repetition and Dictation

◇1. 用慢速和中速跟读课文录音 (Follow the text tape and repeat at a slow and medium pace)。

◇2. 听录音，写句子 (Write down the sentences you hear)。

词汇语法 Vocabulary and Grammar

◇1. 按照例句，完成句子 (Complete the sentences according to the example):
　　例句：为了减肥，你应该坚持跑步，不吃早饭可不是办法。
　　(1) 为了学好汉语，你应该_____，_____可不是办法。
　　(2) 为了考上大学，你应该_____，_____可不是办法。

◇2. 完成下面的句子 (Complete the following sentences):
　　(1) 课文越来越_____了。

（2）我们的生活越来越_____了。
（3）我们学校的留学生越来越_____了。

◆ **活学活用** *Learn and Use*

◇ 选用下面的题目成段表达 (Choose from the following topics to speak on)：
　1. 为了减肥……
　2. 为了学好汉语……
　3. 为了找一个好工作……

翻译练习 *Translation*

翻译下面的句子 (Translate the following sentences into Chinese)：
1. Pollution is getting worse and worse.
2. In order to lose weight I go swimming everyday.
3. You should work to pay your tuition fee.

◆ **汉字书写** *Write the Characters*

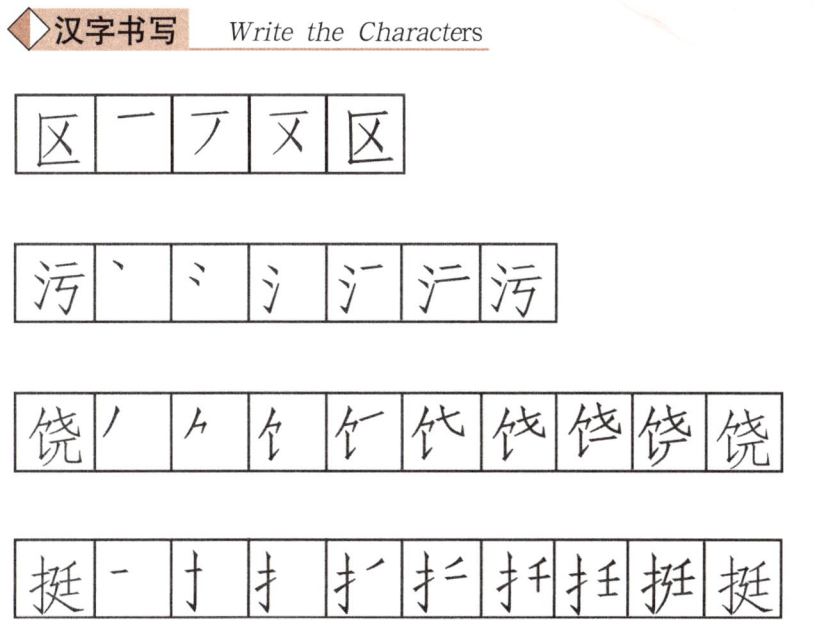

语音练习 *Pronunciation*

◇ 给下面词语中的"一"字加上声调并朗读 (Add tones for "一" and read):

(yi) lù píng'ān
一路平安 (Have a good trip)

(yi) fān fēngshùn
一帆风顺 (Bon voyage)

(yi)xīn (yi)yì
一心一意 (Heart and soul)

(yi)mú (yi)yàng
一模一样 (Like two peas in a pod)

第二十八课 现在 转学 来得及 吗？
Dì-èr shíbā kè Xiànzài zhuǎn xué láidejí ma?

课文 Text

安娜： 圣诞节 快 到 了，我们 学校 放假 吗？
Ānnà: Shèngdàn Jié kuài dào le, wǒmen xuéxiào fàng jià ma?

马安迪：圣诞节 是 星期三，不 放 假。
Mǎ Āndí: Shèngdàn Jié shì xīngqīsān, bú fàng jià.

安娜： 可是 我 姥爷、姥姥 要 来 看 我，
Ānnà: Kěshì wǒ lǎoye, lǎolao yào lái kàn wǒ,
我 得 陪 他们 玩儿。
wǒ děi péi tāmen wánr.

马安迪：那 只好 请 假 了。
Mǎ Āndí: Nà zhǐhǎo qǐng jià le.

安娜： 要是 圣诞节 放 假 就 好 了。
Ānnà: Yàoshi Shèngdàn Jié fàng jià jiù hǎo le.

马安迪：听说 有的 学校 放 假。
Mǎ Āndí: Tīngshuō yǒude xuéxiào fàng jià.

安娜： 是吗？现在 转 学 来得及 吗？
Ānnà: Shì ma? Xiànzài zhuǎn xué láidejí ma?

Lesson Twenty-eight Is it too late to transfer to another school?

Anna: Christmas is coming. Do we get a vacation from school?
Ma Andi: Christmas falls on Wednesday, no day off.
Anna: But my grandma and grandpa are coming to visit me. I have to accompany them to look around.
Ma Andi: Well, you have to ask for leave.
Anna: Why don't we have a holiday on Christmas?
Ma Andi: I hear some schools have time off.
Anna: Is that true? Is it too late to transfer to another school?

生词 New Words

1. 转学   zhuǎn xué   to transfer to another school

2.	来得及	láidejí			to be in time, not to be too late
3.	圣诞节	Shèngdàn Jié			Christmas
4.	快……了	kuài......le			soon, before long
5.	放假	fàng jià			to have time off
6.	姥爷	lǎoye	名	(n.)	(maternal) grandfather
7.	姥姥	lǎolao	名	(n.)	(maternal) grandmother
8.	陪	péi	动	(v.)	to accompany
9.	玩儿	wánr	动	(v.)	to have fun
10.	只好	zhǐhǎo	副	(adv.)	have no choice but to
11.	请假	qǐng jià			to ask for leave
12.	要是……就……	yàoshi......jiù......			if...then...

句型 Pattern Drills

 28.1 ……快到了

Chūnjié
春节

xīnnián
新年
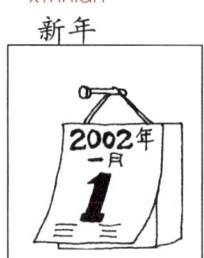

guóqìngjié
国庆节

Láodòngjié
劳动节
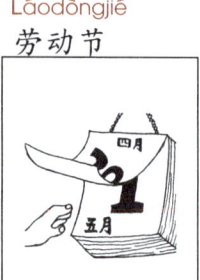

28.2 只好……了

Méiyǒu mǐfàn, zhǐhǎo chī miàntiáo le.
没有米饭,只好吃面条了。

Tā bù lái, wǒ zhǐhǎo zìjǐ qù le.
他不来,我只好自己去了。

Qián bù gòu, zhǐhǎo mǎi piányi de le.
钱不够，只好买便宜的了。

Méiyǒu gōnggòng qìchē, wǒmen zhǐhǎo dǎ chē le.
没有公共汽车，我们只好打车了。

 28.3 现在……来得及吗？

mǎi piào	bàokǎo	huàn bān	xuǎn kè
买票	报考	换班	选课

生词 New Words

1.	春节	Chūnjié		the Spring Festival
2.	国庆节	guóqìngjié		National Day
3.	劳动节	Láodòngjié		Labor Day
4.	票	piào	名 (n.)	ticket
5.	报考	bàokǎo	动 (v.)	to apply for an (entrance) exam
6.	换班	huàn bān		to switch classes
7.	选课	xuǎn kè		to choose lessons

149

练习 Exercises

听读听写 Repetition and Dictation

◇ 1. 用慢速和中速跟读课文录音 (Follow the text tape and repeat at a slow and medium pace)。

◇ 2. 听录音，写句子 (Write the sentences you hear)。

词汇语法 Vocabulary and Grammar

◇ 用 "只好" 完成句子 (Complete the sentences with "只好"):

1. 我病了，只好 _____。
2. 我的钱包丢 (diū; to lose) 了，只好 _____。
3. 我没有时间锻炼，只好 _____。
4. 冰箱里什么都没有，只好 _____。

活学活用 Learn and Use

◇ 根据所要求的信息填表 (Fill in the table with the requested information):

你们国家的重要节日 (Important holidays of your country)

名字	时间	吃什么	做什么

你知道的中国节日 (Chinese holidays that you know of)

名字	时间	吃什么	做什么

◆ 课堂游戏 *Game*

旅行比赛（Travel contest）

每个学生根据生活实际，准备自己熟知的旅行信息，包括确切的时间、日期、票价、路线和旅行条件等等，回答其他同学的问题。

Every student collects exact travel information they actually know: exact time, dates of departure, fares, routes, conditions of travel and so on. Then he/she can answer questions from other students.

 *Translation*

翻译下面的句子 (Translate the following sentences into Chinese):

1. I don't have enough money to take a taxi, I have to take a bus.
2. National Day is coming, we'll have 7 days vacation.
3. Is it too late to switch classes?

◆ 汉字书写 *Write the Characters*

及	丿	乃	及				
报	一	十	扌	扌	护	报	报
转	一	十	士	车	车	车	转	转
春	一	二	三	声	夫	夫	春	春	春

◆ **语音练习** *Pronunciation*

◇ 读下面的句子，注意"不"的不同读音 (Read the following sentence and pay attention to the different tones of "不"):

Wǒ búshì bù xiǎng qǐ, shì qǐ bu lái.
我 不是 不 想 起，是 起 不 来。

(It's not that I don't want to get up, it's that I can't get up.)

第二十九课 我到现在还没有女朋友
Dì-èrshíjiǔ kè　Wǒ dào xiànzài hái méiyǒu nǚpéngyou

课文 Text

刘丽 Liú Lì: 李小龙有女朋友了吧?
Lǐ Xiǎolóng yǒu nǚpéngyou le ba?

张明 Zhāng míng: 有吗？他没告诉我呀！
Yǒu ma? Tā méi gàosu wǒ ya!

刘丽 Liú Lì: 我刚才看见他穿着一身漂亮的西服，手里拿着一束鲜花，像是去约会。
Wǒ gāngcái kànjiàn tā chuānzhe yì shēn piàoliang de xīfú, shǒu lǐ názhe yí shù xiānhuā, xiàng shì qù yuēhuì.

张明 Zhāng míng: 真的？真让人羡慕哇！我到现在还没有女朋友。
Zhēn de? Zhēn ràng rén xiànmù wa! Wǒ dào xiànzài hái méiyǒu nǚpéngyou.

刘丽 Liú Lì: 要什么样的？我帮你介绍一个？
Yào shénmeyàng de? Wǒ bāng nǐ jièshào yí ge?

张明 Zhāng míng: 说话算数？
Shuōhuà suànshù?

说话算数？

Lesson Twenty-nine　I still haven't got a girlfriend yet.

Liu Li:　　　Li Xiaolong has got a girlfriend, right?
Zhang Ming:　Has he? He didn't tell me.
Liu Li:　　　I just saw him in a nice suit, with a bunch of fresh flowers in his hand. It seemed like he was going on a date.
Zhang Ming:　Is that true? I really envy him! I still haven't got a girl friend yet (untilnow).
Liu Li:　　　What kind of girlfriend do you want? I can introduce one to you.
Zhang Ming:　Can I count on that?

生词 New Words

1.	告诉	gàosu	动 (v.)	to tell
2.	刚才	gāngcái	名 (n.)	just now
3.	看见	kànjiàn		to see
4.	着	zhe	助	structural particle
5.	手	shǒu	名 (n.)	hand
6.	束	shù	量 (m.)	a bunch
7.	鲜花	xiānhuā	名 (n.)	fresh flower
8.	像	xiàng	副 (adv.)	like
9.	羡慕	xiànmù	动 (v.)	to envy
10.	哇	wa	助	equal to "啊"
11.	什么样	shénmeyàng		what kind
12.	帮	bāng	动 (v.)	to help
13.	介绍	jièshào	动 (v.)	to introduce
14.	说话算数	shuōhuà suànshù		to be able to count on what someone says

句型 Pattern Drills

 29.1 穿着……

yí jiàn hóng máoyī	yì tiáo liányīqún	yì shuāng hēi píxié	yí jiàn T xùshān
一件红毛衣	一条连衣裙	一双黑皮鞋	一件T恤衫

29.2 真让人……

chī jīng	gǎndòng	guòyìbúqù	bù gǎn xiāngxìn
吃惊	感动	过意不去	不敢 相信

29.3 到现在还没有……

jiàhǎo	fángzi	háizi	gōngzuò
驾照	房子	孩子	工作

生词 New Words

1.	毛衣	máoyī	名 (n.)	wool sweater
2.	连衣裙	liányīqún	名 (n.)	dress
3.	皮鞋	píxié	名 (n.)	leather shoe
4.	T恤衫	tīxùshān	名 (n.)	T-shirt
5.	吃惊	chī jīng		to be surprised, shocked
6.	感动	gǎndòng	动 (v.)	to be moved, to be touched
7.	过意不去	guòyìbúqù		to feel indebted to someone
8.	敢	gǎn	助动 (aux.)	to dare
9.	相信	xiāngxìn	动 (v.)	to believe
10.	驾照	jiàzhào	名 (n.)	driving license
11.	房子	fángzi	名 (n.)	house, apartment
12.	孩子	háizi	名 (n)	child

练习 Exercises

听读听写 Repetition and Dictation

◆ 1. 用慢速和中速跟读课文录音(Follow the text tape and repeat at a slow and medium pace)。

◆ 2. 听录音，写句子(Write down the sentences you hear)。

词汇语法 Vocabulary and Grammar

◆ 填量词 (Fill in the measure words)：

一（　）词典　　一（　）袜子　　一（　）西服　　一（　）裙子
一（　）鲜花　　一（　）纸　　　一（　）手套　　一（　）筷子

活学活用 Learn and Use

◆ 1. 回答问题 (Answer the questions)：

(1) 你有女(男)朋友吗？你的女(男)朋友什么样？
(2) 你要找什么样的女(男)朋友？
(3) 你喜欢别人给你介绍女(男)朋友吗？为什么？

◆ 2. 描述你的同学现在的打扮(Describe your classmates' clothing)。

Translation

翻译下面的句子 (Translate the following sentences into Chinese)：

1. She is wearing a red sweater and a black skirt.
2. His Chinese is so good that I can't believe it.
3. I haven't got a job yet.

汉字书写 Write the Characters

| 见 | 丨 | 冂 | 贝 | 见 |

| 束 | 一 | 丆 | ㇑ | 束 | 束 | 束 | 束 |

| 孩 | 了 | 孑 | 孒 | 孓 | 孩 | 孩 | 孩 | 孩 |

| 帮 | 一 | 二 | 三 | 丰 | 邦 | 邦 | 帮 | 帮 |

语音练习 Pronunciation

◇ 给下面词语中的"不"字加上声调并朗读 (Add tones for "不" and read):

(bu) duō (bu) shǎo
不 多 不 少
(Neither more nor less.)

(bu) féi (bu) shòu
不 肥 不 瘦
(Neither fat nor thin.)

(bu) dà (bu) xiǎo
不 大 不 小
(Neither big nor small.)

(bu) jiàn (bu) sàn
不 见 不 散
(Not leave without seeing each other.)

第三十课 又是去吃麦当劳？
Dì sānshí kè Yòu shì qù chī Màidāngláo?

课文 Text

Luó Qiáodān / 罗乔丹: Qǐngwèn, Wáng Lán zài ma? / 请问，王兰在吗？

Liú Lì / 刘丽: Tā zhèngzài xiūxi. / 她正在休息。
Nǐ yǒu jíshì ma? / 你有急事吗？

Luó Qiáodān / 罗乔丹: Wǒ zài zhǔnbèi míngtiān de kǎoshì, / 我在准备明天的考试，
yǒuxiē wèntí wǒ bù míngbai, xiǎng wènwen tā. / 有些问题我不明白，想问问她。

Liú Lì / 刘丽: Wǒ kěyǐ bāngzhù nǐ ma? / 我可以帮助你吗？

Luó Qiáodān / 罗乔丹: Nà dāngrán hǎo le! Zhōngwǔ wǒ qǐng nǐ chī fàn. / 那当然好了！中午我请你吃饭。

Liú Lì / 刘丽: Yòu shì qù chī Màidāngláo? / 又是去吃麦当劳？

Lesson Thirty McDonald's again?

Luo Qiaodan: Is Wang Lan home please?

Liu Li: She's resting. Do you have anything urgent?

Luo Qiaodan: I'm studying for tomorrow's exam. There are some questions I don't understand, I want to ask her.

Liu Li: Can I help you?

Luo Qiaodan: Of course? I'll treat you to lunch.

Liu Li: McDonald's again?

生词 New Words

1. 麦当劳　Màidāngláo　　　　　　　McDonald's
2. 正在　　zhèngzài　副 (adv.)　　to currently be performing an action

3.	在	zài	副（adv.）	short form of 正在
4.	有些	yǒuxiē		there are some
5.	问题	wèntí	名（n.）	question; problem
6.	明白	míngbai	形、动（adj./v.）	clear; to understand
7.	问	wèn	动（v.）	to ask
8.	帮助	bāngzhù	动（v.）	to help
9.	当然	dāngrán	形（adj.）	of course; sure
10.	中午	zhōngwǔ	名（n.）	noon

句型 *Pattern Drills*

 30.1 （她）正在……。

| lǐ fà | kāi huì | xǐ zǎo | jiǎngyǎn |
| 理发 | 开会 | 洗澡 | 讲演 |

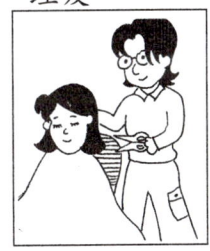   

 30.2 我请你……。

| tīng yīnyuèhuì | kàn lánqiú bǐsài | hē jiǔ | chī huǒguō |
| 听音乐会 | 看篮球比赛 | 喝酒 | 吃火锅 |

30.3 又是去……?

chī hǎixiān
吃海鲜

tiào dísīkē
跳迪斯科

pào wǎngbā
泡网吧

chàng kǎlā'ōukèi
唱卡拉OK

生词 New Words

1.	理发	lǐ fà		to cut hair
2.	开会	kāi huì		to have a meeting
3.	洗澡	xǐ zǎo		to take a shower (bath)
4.	讲演	jiǎngyǎn	动 (v.)	to give a speech
5.	音乐会	yīnyuèhuì	名 (n.)	concert
6.	篮球	lánqiú	名 (n.)	basketball
7.	酒	jiǔ	名 (n.)	alcohol
8.	火锅	huǒguō	名 (n.)	hot-pot
9.	海鲜	hǎixiān	名 (n.)	seafood
10.	跳	tiào	动 (v.)	to dance
11.	迪斯科	dísīkē	名 (n.)	disco
12.	泡	pào	动 (v.)	to steep, to soak (to stay in a place for a long time)
13.	网吧	wǎngbā	名 (n.)	internet bar

练习 Exercises

◆ 听读听写 *Repetition and Dictation*

◇ 1. 用慢速和中速跟读课文录音 (Follow the text tape and repeat at a slow and medium pace)。

2. 听录音，写句子 (Write down the sentences you hear)。

◆ 词汇语法　*Vocabulary and Grammar*

◇ 用动词＋宾语的形式写出你喜欢或不喜欢做的事 (Use verb-object constructions to write about something you do or don't like):

喜欢做的事：　① _____　② _____
　　　　　　　③ _____　④ _____
不喜欢做的事：① _____　② _____
　　　　　　　③ _____　④ _____

◆ 活学活用　*Learn and Use*

◇ 回答问题 (Answer the questions):
1. 考试前，你喜欢自己复习还是请人帮助自己复习？
2. 你学习有不明白的问题的时候怎么办？

翻译练习　*Translation*

翻译下面的短文 (Translate the following paragraph into Chinese):

　　Li Xiaolong has an appointment with his girlfriend. He is wearing a nice suit, with a bunch of fresh flowers in his hand. He is so happy that he forgets to bring his wallet. He has only 48 yuan with him. He can only treat his girlfriend a hamburger at McDonald's.

◆ 汉字书写　　*Write the Characters*

◆ 语音练习　　*Pronunciation*

◇ 朗读下面的儿歌 (Read the children' song):

Yì zhī háma yì zhāng zuǐ,
一 只 蛤蟆 一 张 嘴，
(One toad has one mouth)

liǎng zhī yǎnjing sì tiáo tuǐ,
两 只 眼睛 四 条 腿，
(Two eyes, four legs)

pūtōng yì shēng tiào xià shuǐ.
扑通 一 声 跳 下 水。
(Jump into the water with a splash)

Liǎng zhī háma……
两 只 蛤蟆……
(Two toads…)

"听录音，写句子"文本 Dictation Texts

第一课：

1. 你叫什么名字？
2. 我的中国名字叫陆大卫。
3. 您贵姓？
4. 我的中国老师也姓金。

第二课：

1. 你的同屋是哪国人？
2. 他是美国人，他的男朋友是日本人。
3. 这位是我的汉语老师，他是中国人。
4. 你爷爷也是加拿大人吗？

第三课：

1. 这是你的书包吗？
2. 我的自行车哪儿去了？
3. 他的帽子是红色的。
4. 我只有一把黑色的雨伞。

第四课：

1. 我的房间里有床和桌子。
2. 床的左边是书架，右边是沙发。
3. 电视机在桌子上。
4. 冰箱里有很多冰激凌。

"听录音，写句子" 文本　Dictation Texts

第五课：

1. 我有一个弟弟和一个妹妹。
2. 她是独生女。
3. 我妹妹今年20岁。
4. 你有兄弟姐妹吗？

第六课：

1. 你们班一共有多少学生？
2. 二班有的是日本人，有的是美国人。
3. 你们班的韩国人真够多的。
4. 我会说几句汉语。

第七课：

1. 这儿有炒饭吗？
2. 我喜欢吃饺子，不喜欢吃馄饨。
3. 这儿是法国餐馆。
4. 很抱歉，这儿没有《北京晚报》。

第八课：

1. 你妈妈在家吗？
2. 我姐姐在同学家。
3. 张经理是我们老师的爱人。
4. 你知道他叫什么名字吗？

"听录音,写句子"文本　　Dictation Texts

第九课:

1. 你是计算机公司的经理吗?
2. 你想去老师家吗?
3. 我有急事找你。
4. 我想知道他什么时候回家。

第十课:

1. 我的辅导是北京大学的学生。
2. 你想喝咖啡吗?
3. 请等一下,我马上去找他。
4. 她是三班的口语老师。

第十一课:

1. 请问,西瓜多少钱一斤?
2. 我买一斤葡萄。
3. 草莓五块二一斤。
4. 这橘子怎么卖?

第十二课:

1. 在中国不会说汉语怎么办?
2. 北京冬天冷,夏天热。
3. 你怕考试吗?
4. 你真漂亮!

"听录音，写句子" 文本　　Dictation Texts

第十三课：

1. 明天有考试。
2. 着急有什么用？
3. 我没有时间复习。
4. 我的男朋友约我去看杂技。

第十四课：

1. 你吃点儿什么？
2. 我要一条鱼。
3. 再要一碗米饭。
4. 来一只北京烤鸭吧。

第十五课：

1. 我要一杯红茶，不放糖。
2. 你要这件还是那件？
3. 医生不让我吃糖。
4. 他们都说我太胖了。

第十六课：

1. 我想买一双26号的布鞋。
2. 这件大衣有点儿瘦，有肥一点儿的吗？
3. 你穿多大号的？
4. 你看这顶帽子怎么样？

"听录音，写句子"文本 Dictation Texts

第十七课：

1. 今天是我妈妈的生日。
2. 祝你生日快乐！
3. 今天是 6 月 19 号星期三。
4. 现在 9 点 10 分，上课又迟到了。

第十八课：

1. 我每天 12 点吃午饭。
2. 我常常去打网球。
3. 今天晚上我跟朋友一起去看电影。
4. 我的同屋做的饭很好吃。

第十九课：

1. 明天晴天，我和同学去爬山。
2. 快打开电视！
3. 我喜欢弹钢琴。
4. 我最讨厌数学考试。

第二十课：

1. 请问，去火车站怎么走？
2. 往东走。
3. 到第一个十字路口往右拐。
4. 去书店大概走 10 分钟。

"听录音,写句子"文本　Dictation Texts

第二十一课:

1. 你怎么去学校?
2. 我坐公共汽车去。
3. 你家离学校远吗?
4. 打车去至少30分钟。

第二十二课:

1. 你每天在哪儿吃饭?
2. 学校食堂的菜不好吃。
3. 尝尝我做的中国菜。
4. 今天晚上我有空儿。

第二十三课:

1. 我做的饺子怎么样?
2. 你喜欢吃哪些水果?
3. 除了苹果,我都喜欢吃。
4. 我不爱喝花茶。

第二十四课:

1. 周末你打算去哪儿?
2. 我想好好复习功课。
3. 你要多注意休息。
4. 学汉语真不是一件容易的事。

"听录音,写句子"文本   Dictation Texts

第二十五课:

1. 她买了一条好看的裙子。
2. 你们班的老师真年轻!
3. 在哪儿买的?
4. 你的运气怎么那么好?

第二十六课:

1. 快去上课吧。
2. 天气预报说今天下雪。
3. 昨天下大雨,我的衣服都淋湿了。
4. 晚上这里热闹得很。

第二十七课:

1. 你的女朋友挺苗条的。
2. 要减肥,你应该坚持跑步。
3. 天气越来越冷了。
4. 为了学好汉语,我请了一位辅导。

第二十八课:

1. 你的生日快到了,你想要什么?
2. 没钱打车,我们只好坐公共汽车了。
3. 现在换班还来得及吗?
4. 新年我们学校放假一天。

"听录音,写句子"文本　Dictation Texts

第二十九课:

1. 他每天跟女朋友约会。
2. 到现在他还没有孩子。
3. 她穿着一件红毛衣,真漂亮!
4. 他汉语说得很好,真让人羡慕。

第三十课:

1. 我正在准备明天的口语考试。
2. 我想请你帮助我。
3. 周末我请你听音乐会。
4. 又是去唱卡拉OK?

"翻译练习"参考答案 Answers to Translation Exercises

第一课
- 1. 老师，您贵姓？
- 2. 那我们500年前是一家。

第二课
- 1. 我的同屋是美国人。
- 2. 这不是我的男朋友。
- 3. 他是半个法国人。

第三课
- 1. 这不是我的书。
- 2. 对不起，这里只有一位中国老师。
- 3. 奇怪！我的钥匙哪儿去了？

第四课
- 1. 房间的左边是床。
- 2. 门口有一个书架。
- 3. 冰箱里有很多冰激凌。

第五课
- 1. 我有两个姐姐和一个弟弟。
- 2. 我是独生子。
- 3. 我应该当你的哥哥。

第六课
- 1. 你家有几口人？
- 2. 他们都是零起点吗？
- 3. 我们班有20个人，有的是韩国人，有的是日本人。

第七课
- 1. 请问，有炒饭和馒头吗？
- 2. 怎么都没有？
- 3. 很抱歉，小姐，这儿是意大利餐馆。

第八课
- 1. 我同屋现在在哪儿？
- 2. 她好像在同学家。
- 3. 她有三个男朋友，你知道她在哪个男朋友家吗？

第九课
- 1. 喂！是计算机公司吗？
- 2. 你们经理什么时候回来？
- 3. 我也想知道。

第十课
- 1. 你找什么？
- 2. 请等一下！你喝咖啡吗？
- 3. 我是公司的总经理。

第十一课
- 1. 你要多少樱桃？
- 2. 草莓怎么卖？
- 3. 她怎么这么瘦？

第十二课
- 1. 听说北京夏天很热。
- 2. 你没钱买书怎么办？
- 3. 你真漂亮！

第十三课
- 1. 我没时间打扫房间。
- 2. 后悔有什么用?
- 3. 我女朋友约我去看杂技。

第十四课
- 1. 您来点儿什么?
- 2. 我要一瓶啤酒。
- 3. 你一个人可以要半个。

第十五课
- 菲律宾人　　钱包　　运动鞋　　磁带
- 橡皮　　茶几　　洗衣机　　警察
- 面条　　富士胶卷　　电话卡　　动物园
- 图书馆　　计算机　　快餐　　同事
- 葡萄　　浴缸　　小说　　大衣

第十六课
- 1. 你要什么裤子?
- 2. 我穿大号的。
- 3. 我有点儿紧张。

第十七课
- 　　方梦丹是一个西班牙女孩儿。她住在留学生宿舍。她喜欢吃北京烤鸭。她每星期六都去中国饭馆。她学习很努力,所以她的口语很好。她还能看《人民日报》。

第十八课
- 1. 我每天晚上12点睡觉。
- 2. 星期天我常和我的朋友一起去游泳。

3. 你要和我们一起打麻将还是和你的女朋友去看电影？

第十九课

1. 后天刮风，我们不能去爬山。
2. 中国历史太难了，有很多东西要学。
3. 我最讨厌下雨。

第二十课

奇怪	健康	顺利	重
急	贵	好吃	瘦
漂亮	可怜	苦	幽默
胖	讨厌	紧张	糊涂

第二十一课

1. 你每天怎么去学校？
2. 我坐地铁或者公共汽车去学校。
3. 你们公司离你家远吗？

第二十二课

1. 每个星期五晚上你去哪儿跳舞？
2. 明天你有时间和我们吃午饭吗？
3. 到我这儿来尝尝我的水果沙拉。

第二十三课

1. 我做的豆腐怎么样？
2. 长城、天坛、十三陵，我都喜欢。
3. 除了香菜我都喜欢。

第二十四课
1. 我想去上海工作,所以我要和我的女朋友好好商量商量。
2. 有很多礼物要包,我没有时间吃饭。
3. 写论文不是一件容易的事。

第二十五课
1. 我花50块钱买了一条漂亮的绿裙子。
2. 我不喜欢这门课,真没意思!
3. 你怎么那么紧张?

第二十六课
讨厌	收	准备	祝贺
尝	逛	答应	进步
挤	后悔	背	约
计划	遵守	盖	报名

第二十七课
1. 污染越来越严重。
2. 为了减肥我每天游泳。
3. 你应该工作,付你的学费。

第二十八课
1. 我的钱不够打车,只好坐公共汽车。
2. 国庆节快到了,我们放七天假。
3. 现在换班来得及吗?

第二十九课
1. 她穿着一件红毛衣和一条黑裙子。
2. 他的汉语说得那么好,真让人不敢相信。
3. 我还没有工作。

第三十课

李小龙和女朋友有个约会。他穿着一身漂亮的西服，手里拿着一束鲜花。他太高兴了，所以忘了带钱包。他身上只有48元，只能请女朋友在麦当劳吃一个汉堡包。

生词总表
Vocabulary
（词语后面的数字为课文序号）

阿根廷人	Āgēntíngrén	2
啊	á	8
埃及人	Āijírén	2
唉	ài	25
爱	ài	23
爱情	àiqíng	23
爱人	àiren	8
安全	ānquán	13
澳大利亚人	Àodàlìyàrén	2

巴西人	Bāxīrén	2
把	bǎ	3
爸爸	bàba	2
吧	ba	10
白	bái	3
班	bān	6
办法	bànfǎ	13
半	bàn	2
帮	bāng	29

帮助	bāngzhù	30
包	bāo	24
包子	bāozi	7
保龄球	bǎolíngqiú	18
报案	bào àn	26
报考	bàokǎo	28
报名	bào míng	26
抱歉	bàoqiàn	7
杯	bēi	15
北	běi	20
北大	Běidà	22
北京	Běijīng	9
北京大学	Běijīng Dàxué	9
北京烤鸭	Běijīng kǎoyā	14
北京晚报	Běijīng Wǎnbào	7
背	bēi	24
被子	bèizi	26
本	běn	4
本子	běnzi	4
比较	bǐjiào	24
比萨饼	bǐsàbǐng	23
比赛	bǐsài	22
变	biàn	26
别	bié	24
别的	biéde	11

177

冰雹	bīngbáo	26
冰激凌	bīngjīlíng	4
冰箱	bīngxiāng	4
菠萝	bōluó	23
伯伯	bóbo	5
不用	búyòng	10
不	bù	2
不好意思	bùhǎoyìsi	16
布鞋	bùxié	16

C

菜	cài	22
参加	cānjiā	27
餐馆	cānguǎnr	7
餐巾纸	cānjīnzhǐ	15
草莓	cǎoméi	11
茶	chá	10
茶几	chájī	4
差	chà	17
长	cháng	16
长城	Chángchéng	21
尝	cháng	18
常常	chángcháng	18
唱	chàng	19
炒饭	chǎofàn	7
车	chē	21
吃	chī	4

吃惊	chījīng	29
迟到	chídào	17
臭豆腐	chòudòufu	23
出	chū	26
除了	chúle	23
穿	chuān	16
床	chuáng	4
吹	chuī	19
春节	Chūnjié	28
词典	cídiǎn	3
磁带	cídài	3
聪明	cōngming	13
从	cóng	27

D

打	dǎ	18
打车	dǎ chē	21
打工	dǎ gōng	27
打开	dǎkāi	19
打扰	dǎrǎo	10
打算	dǎsuàn	24
大	dà	16
大概	dàgài	20
大号	dà hào	16
大家	dàjiā	18
大蒜	dàsuàn	23

大学	dàxué	9
带	dài	24
单词	dāncí	24
蛋糕	dàngāo	22
当	dāng	5
当然	dāngrán	30
到	dào	20
到……来	dào…… lái	22
德国人	Déguórén	2
的	de	1
……得很	…… de hěn	26
得	děi	22
等	děng	10
迪斯科	dísīkē	30
笛子	dízi	19
地铁站	dìtiězhàn	21
弟弟	dìdi	5
第三	dìsān	20
点	diǎn	17
点心	diǎnxīn	22
电话卡	diànhuàkǎ	7
电视（机）	diànshì(jī)	4
电影	diànyǐng	18
顶	dǐng	16
东	dōng	20
东西	dōngxi	18
冬天	dōngtiān	12
董事长	dǒngshìzhǎng	10
动物园	dòngwùyuán	21

都	dōu	6
都……了	dōu …… le	26
读	dú	23
独生女	dúshēngnǚ	5
堵车	dǔ chē	21
短	duǎn	16
锻炼	duànliàn	24
对不起	duìbuqǐ	3
多(1)	duō	6
多(2)	duō	16
多大	duō dà	5
多少	duōshao	6

俄罗斯人	Éluósīrén	2
儿子	érzi	8

法国	Fǎguó	7
法国人	Fǎguórén	2
饭	fàn	18
饭店	fàndiàn	9
方便	fāngbiàn	26
防盗	fáng dào	24

房间	fángjiān	4
房子	fángzi	29
放	fàng	15
放假	fàng jià	28
放学	fàng xué	9
飞机场	fēijīchǎng	20
非常	fēicháng	25
菲律宾人	Fēilǜbīnrén	2
肥	féi	16
分(1)	fēn	11
分(2)	fēn	17
分钟	fēnzhōng	20
风	fēng	19
夫人	fūren	8
服务员	fúwùyuán	3
辅导	fǔdǎo	10
复习	fùxí	12
副	fù	16
富士胶卷	Fùshì jiāojuǎn	7

G

盖	gài	26
赶快	gǎnkuài	13
敢	gǎn	29
感动	gǎndòng	29
刚才	gāngcái	29
钢琴	gāngqín	19

高	gāo	11
高兴	gāoxìng	15
告诉	gàosu	29
哥哥	gēge	5
个	gè	2
给	gěi	15
跟……一起	gēn……yìqǐ	18
工人	gōngrén	6
工作	gōngzuò	17
公共汽车	gōnggòng qìchē	12
公斤	gōngjīn	21
公里	gōnglǐ	21
公司	gōngsī	9
公园	gōngyuán	6
功课	gōngkè	12
狗肉	gǒuròu	23
购物	gòu wù	27
够	gòu	12
够……的	gòu……de	6
姑姑	gūgu	5
故宫	Gùgōng	20
刮	guā	19
拐	guǎi	20
广播电视报	Guǎngbō Diànshì Bào	7
逛	guàng	18
规则	guīzé	24
柜子	guìzi	4
贵	guì	11
锅贴儿	guōtiēr	23

国庆节	guóqìngjié	28
过路人	guòlùrén	20
过意不去	guòyìbúqù	29

H

还(1)	hái	11
还(2)	hái	20
还是	háishi	15
还是……好	háishi……hǎo	21
孩子	háizi	29
海鲜	hǎixiān	30
害怕	hàipà	25
韩国	Hánguó	7
韩国人	Hánguórén	2
汉堡包	hànbǎobāo	23
汉语	Hànyǔ	6
好	hǎo	14
好吃	hǎochī	18
好好儿	hǎohāor	24
好看	hǎokàn	25
好像	hǎoxiàng	8
号(1)	hào	16
号(2)	hào	17
喝	hē	10
和	hé	19
荷兰人	Hélánrén	2
黑	hēi	3

很	hěn	7
很多	hěn duō	4
红	hóng	3
红茶	hóngchá	15
后边	hòubian	4
后天	hòutiān	19
糊涂	hútu	17
花	huā	4
花椒	huājiāo	23
画	huà	8
坏了	huàile	26
换班	huàn bān	28
回	huí	24
回家	huí jiā	9
回来	huílai	9
会	huì	6
馄饨	húntun	7
火车站	huǒchēzhàn	20
火锅	huǒguō	30
或者	huòzhě	18

J

及格	jígé	13
急	jí	9
急人	jí rén	13
几	jǐ	6
挤	jǐ	19

计算机	jìsuànjī	9
加拿大人	Jiānádàrén	2
家	jiā	8
家常豆腐	jiāchángdòufu	23
驾照	jiàzhào	29
坚持	jiānchí	27
减肥	jiǎn féi	24
简单	jiǎndān	26
件	jiàn	15
健康	jiànkāng	17
健美	jiànměi	27
讲演	jiǎngyǎn	30
交	jiāo	27
交通	jiāotōng	24
教	jiāo	6
角	jiǎo	11
饺子	jiǎozi	6
叫	jiào	1
教师	jiàoshī	6
结实	jiēshi	13
节	jié	18
姐姐	jiějie	5
姐妹	jiěmèi	5
介绍	jièshào	29
今年	jīnnián	5
今天	jīntiān	17
斤	jīn	11
紧张	jǐnzhāng	16
近	jìn	20

进步	jìnbù	17
京剧	jīngjù	19
经常	jīngcháng	21
经理	jīnglǐ	8
警察	jǐngchá	6
酒	jiǔ	30
就	jiù	14
就是	jiùshì	10
舅舅	jiùjiu	5
橘子	júzi	11
句	jù	6
捐	juān	27
决定	juédìng	27

K

咖啡	kāfēi	10
卡拉OK	kǎlā·ōukēi	22
开（车）	kāi (chē)	21
开会	kāi huì	30
开始	kāishǐ	27
看(1)	kàn	13
看(2)	kàn	16
看见	kànjiàn	29
考试	kǎoshì	12
可	kě	27
可乐	kělè	10
可怜	kělián	12

可是	kěshì	13
可以	kěyǐ	14
刻	kè	17
课	kè	18
课本	kèběn	3
空调	kōngtiáo	12
空儿	kòngr	22
口语	kǒuyǔ	10
苦	kǔ	12
裤子	kùzi	16
块	kuài	11
快	kuài	13
快……了	kuài……le	28
快餐	kuàicān	9
快乐	kuàilè	17
矿泉水	kuàngquánshuǐ	10

L

拉	lā	19
来	lái	14
来得及	láidejí	28
蓝	lán	3
篮球	lánqiú	30
懒	lǎn	27
劳动节	Láodòngjié	28
老师	lǎoshī	1
老鼠	lǎoshǔ	12

姥姥	lǎolao	28
姥爷	lǎoye	28
累	lèi	6
冷	lěng	12
梨	lí	11
离	lí	21
礼貌	lǐmào	25
礼物	lǐwù	24
里	lǐ	4
里边	lǐbian	20
理发	lǐfà	30
历史	lìshǐ	19
连衣裙	liányīqún	29
练习	liànxí	13
两(1)	liǎng	5
两(2)	liǎng	14
辆	liàng	6
了(1)	le	25
了(2)	le	26
了不起	liǎobuqǐ	25
邻居	línjū	18
淋	lín	26
零(0)	líng	5
零起点	língqǐdiǎn	6
留学生	liúxuéshēng	9
楼	lóu	2
路	lù	21
旅行	lǚxíng	13
绿	lǜ	3

绿茶	lǜchá	15
论文	lùnwén	24

M

妈妈	māma	2
麻烦	máfan	11
麻将	májiàng	18
麻婆豆腐	mápódòufu	14
马上	mǎshàng	10
吗	ma	2
买	mǎi	11
麦当劳	màidāngláo	30
卖	mài	11
馒头	mántou	7
慢	màn	25
忙	máng	6
猫	māo	4
毛	máo	11
毛笔	máobǐ	8
毛衣	máoyī	29
帽子	màozi	3
没	méi	13
没意思	méiyìsi	25
没有	méiyǒu	5
每天	měi tiān	18
美	měi	15
美国人	Měiguórén	2

妹妹	mèimei	5
门口	ménkǒu	4
米饭	mǐfàn	7
面条	miàntiáo	6
苗条	miáotiáo	27
名	míng	6
名字	míngzi	1
明白	míngbai	30
明天	míngtiān	13
摩托车	mótuōchē	21
茉莉花茶	mòlìhuāchá	15

N

拿(1)	ná	13
拿(2)	ná	26
哪	nǎ	2
哪儿	nǎr	3
哪儿有……	nǎr yǒu……	13
哪个	nǎge	8
哪些	nǎxiē	23
那	nà	15
那么	nàme	25
哪	na	13
奶奶	nǎinai	8
男	nán	2
男朋友	nánpéngyou	2
南	nán	20

难	nán	15
难过	nánguò	13
难看	nánkàn	25
呢	ne	1
内容	nèiróng	24
内衣	nèiyī	25
能	néng	23
你	nǐ	1
你们	nǐmen	4
年轻	niánqīng	25
您	nín	1
女	nǚ	2
女儿	nǚ'ér	8
女朋友	nǚpéngyou	18
女士	nǚshì	10
暖和	nuǎnhuo	27

胖	pàng	15
跑步	pǎo bù	27
泡	pào	30
陪	péi	28
盆	pén	4
朋友	péngyou	2
皮鞋	píxié	29
啤酒	píjiǔ	10
片儿	piānr	23
便宜	piányi	26
漂亮	piàoliang	12
票	piào	28
苹果	píngguǒ	11
瓶	píng	14
葡萄	pútao	11
葡萄酒	pútaojiǔ	15

哦	ò	8

爬	pá	19
怕	pà	12
盘	pán	14
旁边	pángbiān	4

妻	qī	6
奇怪	qíguài	3
骑	qí	21
棋	qí	13
起	qǐ	26
起床	qǐ chuáng	18
铅笔	qiānbǐ	3
前	qián	20
前边	qiánbian	4

钱	qián	11
钱包	qiánbāo	3
抢购	qiǎnggòu	26
晴天	qíngtiān	19
请	qǐng	10
请假	qǐng jià	28
请问	qǐng wèn	7
球鞋	qiúxié	3
去	qù	6
裙子	qúnzi	25

R

让	ràng	15
饶	ráo	27
热	rè	6
热闹	rènao	26
人	rén	6
人民日报	Rénmín Rìbào	7
日本	Rìběn	7
日本人	Rìběnrén	2
日语	Rìyǔ	6
容易	róngyì	24

S

散文	sǎnwén	23
色	sè	3

沙发	shāfā	4
沙拉	shālā	22
山	shān	19
商场	shāngchǎng	25
商店	shāngdiàn	6
商量	shāngliang	24
上海	Shànghǎi	22
上课	shàng kè	17
上面	shàngmian	4
上午	shàngwǔ	18
烧卖	shāomài	7
烧茄子	shāoqiézi	23
少	shǎo	11
谁	shéi	8
身	shēn	25
身体	shēntǐ	17
什么	shénme	1
什么时候	shénme shíhou	9
什么样	shénmeyàng	29
生日	shēngrì	17
圣诞节	Shèngdànjié	28
诗歌	shīgē	23
湿	shī	26
十三陵	Shísānlíng	21
十字路口	shízì lùkǒu	20
时候	shíhou	9
时间	shíjiān	13
食堂	shítáng	22
事	shì	9

186

是	shì	1
收拾	shōushi	13
手	shǒu	29
手表	shǒubiǎo	3
手套	shǒutào	16
售货员	shòuhuòyuán	11
瘦	shòu	11
书	shū	4
书包	shūbāo	3
书店	shūdiàn	20
书法	shūfǎ	13
书架	shūjià	4
叔叔	shūshu	5
舒服	shūfu	24
束	shù	29
数学	shùxué	19
双	shuāng	16
水果	shuǐguǒ	15
水平	shuǐpíng	24
睡	shuì	26
睡觉	shuìjiào	18
顺利	shùnlì	17
说	shuō	6
说……就……	shuō…… jiù……	26
说话算数	shuōhuàsuànshù	29
死	sǐ	12
素炒土豆丝	sùchǎotǔdòusī	23
速递公司	sùdìgōngsī	9
宿舍	sùshè	9

酸辣汤	suānlàtāng	14
算是	suànshì	23
岁	suì	5

T

他	tā	2
他们	tāmen	10
她	tā	8
太	tài	24
太……了	tài…… le	15
太极拳	tàijíquán	18
太阳	tàiyang	26
泰国人	Tàiguórén	2
弹	tán	19
汤	tāng	15
糖	táng	15
躺	tǎng	12
桃	táo	11
讨厌	tǎoyàn	12
套	tào	25
T恤衫	tīxùshān	29
踢	tī	18
天安门	Tiān'ānmén	20
天儿	tiānr	27
天气	tiānqì	19
条	tiáo	14
跳	tiào	30

跳舞	tiào wǔ	22
听(1)	tīng	13
听(2)	tīng	14
听说	tīngshuō	12
挺……的	tǐng……de	27
同事	tóngshì	10
同屋	tóngwū	2
同学	tóngxué	2
图书馆	túshūguǎn	13

W

袜子	wàzi	25
哇	wa	29
外	wài	20
外面	wàimian	25
玩儿	wánr	28
玩儿命	wánrmìng	24
晚上	wǎnshang	22
碗	wǎn	14
网吧	wǎngbā	30
网球	wǎngqiú	18
往	wǎng	20
为了	wèile	27
为什么	wèi shénme	15
位	wèi	2
喂	wéi	9
问	wèn	30
问题	wèntí	30

我	wǒ	1
我们	wǒmen	1
污染	wūrǎn	27
午饭	wǔfàn	18
武打	wǔdǎ	23

X

西	xī	20
西班牙人	Xībānyárén	2
西服	xīfú	25
西瓜	xīguā	11
洗	xǐ	13
洗衣机	xǐyījī	4
洗澡	xǐ zǎo	30
喜欢	xǐhuan	4
下	xià	22
下(棋)	xià(qí)	13
下（雨）	xià(yǔ)	12
下班	xià bān	9
下课	xià kè	9
下午	xiàwǔ	18
夏天	xiàtiān	12
先生	xiānsheng	8
鲜花	xiānhuā	29
现在	xiànzài	8
馅儿饼	xiànrbǐng	23
羡慕	xiànmù	29
相信	xiāngxìn	29

香	xiāng	25
香菜	xiāngcài	23
香蕉	xiāngjiāo	11
香酥鸡	xiāngsūjī	14
箱	xiāng	11
想	xiǎng	9
像	xiàng	29
橡皮	xiàngpí	3
小	xiǎo	8
小号	xiǎo hào	16
小姐	xiǎojie	7
小时	xiǎoshí	21
小说	xiǎoshuō	13
小提琴	xiǎotíqín	19
校长	xiàozhǎng	10
校门	xiàomén	25
鞋	xié	16
写	xiě	18
谢谢	xièxie	10
新加坡人	Xīnjiāpōrén	2
新年	xīnnián	17
新西兰人	Xīnxīlánrén	2
信	xìn	24
星期二	xīngqī'èr	17
星期六	xīngqīliù	17
星期日	xīngqīrì	17
星期三	xīngqīsān	17
星期四	xīngqīsì	17
星期五	xīngqīwǔ	17
星期一	xīngqīyī	17

行	xíng	23
姓	xìng	1
兄弟	xiōngdì	5
休息	xiūxi	24
选课	xuǎn kè	28
学	xué	18
学费	xuéfèi	27
学生	xuésheng	1
学习	xuéxí	13
学校	xuéxiāo	21
雪	xuě	19
雪碧	xuěbì	15

Y

呀	ya	13
严重	yánzhòng	27
样子	yàngzi	25
要(1)	yào	11
要(2)	yào	19
要是	yàoshi	21
要是……就……	yàoshi……jiù……	28
钥匙	yàoshi	3
爷爷	yéye	2
也	yě	1
一定	yídìng	22
一共	yígòng	6
(一)下	(yí)xià	10

189

一般	yìbān	22
(一)点儿	(yì)diǎnr	10
衣服	yīfu	13
医生	yīshēng	15
姨	yí	5
颐和园	Yíhéyuán	21
椅子	yǐzi	4
意大利	Yìdàlì	7
意大利人	Yìdàlìrén	2
阴天	yīntiān	19
音乐	yīnyuè	13
音乐会	yīnyuèhuì	30
银行	yínháng	9
饮料	yǐnliào	15
印度	Yìndù	7
印度尼西亚人	Yìndùníxīyàrén	2
印度人	Yìndùrén	2
应该	yīnggāi	5
英国人	Yīngguórén	2
英汉词典	Yīng-Hàn Cídiǎn	7
英语	Yīngyǔ	6
樱桃	yīngtao	11
用	yòng	8
用功	yònggōng	12
幽默	yōumò	12
邮局	yóujú	9
游乐场	yóulèchǎng	21
游泳	yóu yǒng	18
有	yǒu	3

有的	yǒude	6
有点儿	yǒudiǎnr	16
有什么用	yǒu shénme yòng	13
有些	yǒuxiē	30
又	yòu	17
右	yòu	20
右边	yòubian	4
幼儿园	yòu'éryuán	21
鱼	yú	14
鱼香肉丝	yúxiāngròusī	14
雨伞	yǔsǎn	3
浴缸	yùgāng	12
预报	yùbào	19
元	yuán	11
圆明园	Yuánmíngyuán	21
圆珠笔	yuánzhūbǐ	3
远	yuǎn	20
约	yuē	13
约会	yuēhuì	22
月	yuè	17
越来越……	yuèláiyuè……	27
运动	yùndòng	27
运气	yùnqi	25

杂技	zájì	13
灾区	zāiqū	27

再	zài	14
在(1)	zài	4
在(1)	zài	22
在(3)	zài	30
糟糕	zāogāo	17
早	zǎo	15
早饭	zǎofàn	27
早上	zǎoshang	18
怎么	zěnme	6
怎么办	zěnme bàn	12
怎么样	zěnmeyàng	6
炸	zhá	14
战争	zhànzhēng	23
张	zhāng	6
着急	zháo jí	13
找	zhǎo	9
这	zhè	2
这儿	zhèr	7
这里	zhèlǐ	3
这么	zhème	11
着	zhe	29
真	zhēn	6
整	zhěng	17
正在	zhèngzài	30
支	zhī	6
支援	zhīyuán	27
只	zhī	4
知道	zhīdào	8
职工	zhígōng	6

只	zhǐ	3
只好	zhǐhǎo	28
至少	zhìshǎo	21
中国	Zhōngguó	1
中号	zhōng hào	16
中午	zhōngwǔ	30
中心	zhōngxīn	9
种	zhǒng	25
重	zhòng	6
周末	zhōumò	24
主任	zhǔrèn	8
主食	zhǔshí	15
祝	zhù	17
转学	zhuǎn xué	28
准备	zhǔnbèi	24
桌子	zhuōzi	4
自己	zìjǐ	18
自行车	zìxíngchē	3
总经理	zǒngjīnglǐ	10
走	zǒu	20
足球	zúqiú	18
足球报	Zúqiú Bào	7
最	zuì	16
最后	zuìhòu	25
最近	zuìjìn	24
遵守	zūnshǒu	24
左	zuǒ	20
左边	zuǒbian	4
作业	zuòyè	18

坐	zuò	10
做	zuò	18
做操	zuò cāo	27